HAY ÁNGELES
QUE DUERMEN
EN TUS OJOS

JUAN MARI MONTES

HAY ÁNGELES QUE DUERMEN EN TUS OJOS

Diputación de Salamanca
2025

Ediciones Diputación de Salamanca
Serie Autores Salmantinos, n.º 113

1.ª Edición: 2025

DIPUTACIÓN DE SALAMANCA
e-mail: ediciones@lasalina.es
http: //www.lasalina.es

Cubierta: Diseño Gráfico Bejarano

I.S.B.N.: 978-84-7797-790-2
DL S 381-2025

Imprime: OFFIPRINT

A la memoria de Juli

POR AMOR AL ARTE

Trataré de amarte por amor al arte
Sin que debas darme nada de tu parte
Me iré conformando con simples detalles
Que de tan pequeños no percibe nadie.

Trataré de amarte por amor al arte
Siempre desde lejos, respirando el aire
Que ya no respiras cerca de mi calle
Mientras me contento sólo con mirarte.

Y soñarte sin que tú lo sepas
Cuando necesite tal vez recordarte
Pronunciar tu nombre muy de tarde en tarde
Sin que al fin te queme lo que ya no arde.

Trataré de amarte por amor al arte
Sin que te incomode que yo me desangre
Por quererte tanto sin poder rozarte
Por dejarme el alma siendo inalcanzable.

Trataré de amarte por amor al arte
Como a un simple cuadro que en alguna parte
Alguien ha colgado para así admirarte
Saltan las alarmas sólo con besarte.

Y soñarte sin que tú lo sepas
Cuando necesite tal vez recordarte
Pronunciar tu nombre muy de tarde en tarde
Sin que al fin te queme lo que ya no arde.

Con música de Diego Cartón, se incluiría en el disco de Sergio Dalma, "Alegría".

CON LAS GANAS DE DECIRTE

Me quedo con las ganas de decirte
Que muero en el naufragio de tus ojos
Que tiñes de color mis días más grises
Que siembras en mi almohada sueños locos.

Me quedo con las ganas de decirte
Que no concibo el mundo si te marchas
Que pierdo los papeles por seguirte
Que llevas en tus labios mi esperanza.

Con las ganas me quedo no lo niego
De que me amaras como yo quisiera
Con todas las ventanas bien abiertas
Con todos los sentidos bien despiertos.

Me quedo con las ganas de decirte
Que te he buscado por todos los mapas
Que todos los proyectos son factibles
Que me alimenta el pan de tu mirada.

Me quedo con las ganas de decirte
Que traicioné mi credo por tus besos
Que por tu risa supe que es posible
Que por tu llanto sé que no hay remedio.

Con las ganas me quedo no lo niego
De que me amaras como yo quisiera
Con todas las ventanas bien abiertas
Con todos los sentidos bien despiertos.

Con música de Ovidio López, se incluiría en el disco de Miguel Bosé, "Papitwo".

SI TE VAS

Van a cerrar los parques si te vas
Van a dejar los trenes de correr
Van a sembrar de sombras la ciudad
Van a volver las nubes a llover
Van a morir los sueños si te vas.

Van a dejar los barcos de atracar
Van a dejar las aves de emigrar
Van a empeñar los héroes su valor
Van a tomar los locos el control
Va a detenerse el mundo si no estás.

Sí, va a detenerse el mundo
Que no tiene sentido
Levantarse y dar tumbos
Pendiente de tus hilos
Que me importa la vida
Si tú no estás conmigo
¿Quién curará mi herida?

Van a dejar los niños de jugar
Van a perder los cuerdos la razón
Van a dejar las piezas de encajar
Van a negar los dioses el perdón
Va a detenerse el mundo si no estás.

Sí, va a detenerse el mundo
Que no tiene sentido
Levantarse y dar tumbos
Pendiente de tus hilos
Que me importa la vida
Si tú no estás conmigo
¿Quién curará mi herida?

Con música de Litto Nebbia, se incluiría en los discos de Ana Belén ("Anatomía"), Litto Nebbia ("Soñando barcos") y Silvina Garré ("Más que loca").

HOY NECESITO

Hoy necesito que me abreces fuerte
Sin palabras, sin excusas, sólo brazos
Que no tengas prisa, que no me recuerdes
Qué sólo somos la apariencia de este barro.

Hoy necesito que me abraces fuerte
Por encima de los miedos y prejuicios
Que alcances ya los huesos y me despiertes lejos
De esta torpe selva fin de siglo.

Y no me preguntes
Qué es lo que pasa
No traigo heridas
Es sólo que preciso
Notarte bien dentro
Sentirme en casa
Saber que es muy cierto
Que estoy contigo.

Hoy necesito que me abraces fuerte
Y que tu silencio traiga mucha calma
Que la noche venga lenta como nieve
Y nos halle enlazadas las espaldas.

Y no me preguntes
Qué es lo que pasa
No traigo heridas
Es sólo que preciso
Notarte bien dentro
Sentirme en casa
Saber que es muy cierto
Que estoy contigo.

*Con música de Teo Cardalda se incluiría en el disco de Cómplices
"Cousas de Meigas".*

QUE LLUEVA ESPERANZA

Que llueva una tormenta de esperanza
Sobre los bulevares de París
Que peine rascacielos en Manhattan
Y bese los mil trenes de Madrid.

Que llueva una tormenta de esperanza
Y arrastre los fantasmas de Berlín
Que baje por las calles de La Habana
Y cure toda el hambre de Malí.

Que llueva con fuerza el milagro
Y limpie sin más el dolor
Que cubra de vida los campos
Y llene la acera de amor.

Que llueva una tormenta de esperanza
Y barra los escombros de Bagdad
Que se lleve de Londres la venganza
Y traiga primaveras a Teherán.

Que llueva una tormenta de esperanza
Y empape los corazones de Israel
Que caiga por Venecia un agua clara
Que florezca en Lisboa otro clavel.

Que llueva con fuerza el milagro
Y limpie sin más el dolor
Que cubra de vida los campos
Y llene la acera de amor.

Con música de Manuel Cobos se incluiría en el disco "Este nuevo futuro" del propio Manuel Cobos.

ERES

Eres el acertijo que me resuelve
Eres esa respuesta que me desnuda
Eres esa locura que me enloquece
El argumento que me disculpa.

Eres la venda oscura de mi ceguera
Eres el disparate que me trastorna
Eres esa presencia que me descentra
Esa coartada que me perdona.

Eres sencillamente
El puro sueño de mi almohada
El trago de aguardiente
Que calienta el cuerpo y alma
Eres frecuentemente
El despertar de mi alegría
La rosa blanca entre los dientes
El pan reciente cada día.

Eres el crucigrama que me descifra
Eres ese pecado que me condena
Eres esa quimera que me fascina
Ese deseo que me encadena.

Eres el fuego ardiente que me consume
Eres ese vacío que me enriquece
Eres el alimento que me desnutre
Eres el viento que me mece.

Eres sencillamente
El puro sueño de mi almohada
El trago de aguardiente
Que calienta el cuerpo y alma
Eres frecuentemente
El despertar de mi alegría
La rosa blanca entre los dientes
El pan reciente cada día.

Y eres tú
El aire que respiro eres tú
La luz que enciende el primer sol.
Y eres tú
El agua que me bebo eres tú
La luz que enciende el primer sol...

Eres el acertijo que me resuelve
Eres esa respuesta que me desnuda
Eres esa locura que me enloquece
El argumento que me disculpa.

Con música de Antonio Ferrara se incluiría en el disco de Sergio Dalma, "Dalma".

SI LA VIDA FUERA COMO UNA PELÍCULA

Si la vida fuera como una película
Ahora me ahogaría en un mar de lágrimas
No te sonaría tan tonta y ridícula
Esa melodía de canción romántica.

Si la vida fuera como una película
Se arreglaba todo con un beso mítico
Tú me guardarías en cualquier aurícula
Yo te escondería en algún ventrículo.

Pero al cabo somos tan de carne y hueso
Que esto se nos muere y ya no hay remedio
Pues no hallas la fórmula
Y me falta oxígeno
Se volvió tan sórdida
Nuestra vida al fin
Pasarás de página
Cerraré el capítulo
Qué final tan frívolo
Tocará sufrir.

Si la vida fuera como una película
Cuanto durarían los momentos mágicos
Flotaríamos juntos como dos partículas
Lejos de este mundo tan absurdo y trágico.

Si la vida fuera como una película
Casualmente iría a ese bar tan céntrico
Donde yo te olvido con pasión etílica
Y tú me rescatas con tu amor espléndido.

Pero al cabo somos tan de carne y hueso
Que esto se nos muere y ya no hay remedio
Pues no hallas la fórmula
Y me falta oxígeno
Se volvió tan sórdida
Nuestra vida al fin
Pasarás de página
Cerraré el capítulo
Qué final tan frívolo
Tocará sufrir.

VERDAD QUE SERÍA ESTUPENDO

Verdad que sería estupendo
Que las espadas fueran un palo de una baraja
Que el escudo una moneda portuguesa
Y un tanque una jarra grande de cerveza.

Verdad que sería estupendo
Que las bases fueran el lado de un triángulo
Que las escuadras sólo reglas de diseño
Y los gatillos gatos pequeños.

Que apuntar fuera soplarle la tabla a Manolito
Que disparar darle una patada al balón
Que los Pershing fueran esa marca de rotulador
Con los que tú siempre pintas mi corazón.

Verdad que sería estupendo
Que las bombas fueran globos de chicle
Que las sirenas fueran peces con cuerpo de mujer
Que las granadas una clase de fruta.

Que Alarma fuera un grupo de rock and roll
Y que la pólvora fuera para hacer fuegos artificiales
Que los Pershing fueran esa marca de rotulador
Con los que tú siempre pintas mi corazón

Y no existiera más arma en el mundo
Más que el "mi arma" andaluz
Verdad que sería estupendo.

Con música de Teo Cardalda se incluyó en el disco de Cómplices,
"Está llorando el sol".

NO TE OLVIDO

Aunque lleguen telegramas y tormentas
Aunque crezcan las magnolias y el espino
Aunque caigan dictadores y fachadas
No te olvido, yo no te olvido.

Aunque cierren nuestros bares para siempre
Aunque cambies de ciudad y de vestido
Aunque vengan otros besos a mis labios
No te olvido, yo no te olvido.

Y me duermo con tu nombre en las pestañas
Y me marcho con tu risa a los despachos
Y me escondo con tus dudas en mis palmas
Y me muero sin tu cuerpo entre mis brazos.

Aunque suba la marea y el petróleo
Me avergüence de las líneas que te escribo
Aunque pesen las maletas más que nunca
No te olvido, yo no te olvido.

Y me duermo con tu nombre en las pestañas
Y me marcho con tu risa a los despachos
Y me escondo con tus dudas en mis palmas
Y me muero sin tu cuerpo entre mis brazos.

Aunque lleguen las arrugas a mi frente
Aunque alguna vez comprenda que te has ido
Aunque pierda la memoria y tus recuerdos
No te olvido, yo no te olvido
No te olvido, yo no te olvido
No te olvido, yo no te olvido.

Con música de Nando González se incluyó en el disco "Salvavidas", recopilatorio en beneficio de Álcer.

PASARELAS

Diosa radiante de moda
Mojas tus labios y miras
Ese objetivo que adora
Lo que otras pieles envidian.

Pelo lanzando destellos
Como una lluvia de oro
Como te halaga el espejo
Venus altiva en su trono.

Carne de todos los posters
Reina de las pasarelas
Piernas que todos conocen
Alma que a nadie interesa.

Porque al llegar a tu casa
Sólo te ladra algún perro
Nadie calienta tu cama
Nadie te cubre de besos
Te bajas de los tacones
Como del par de mentiras
Sin las que al fin reconoces
La soledad que te humilla.

Diosa radiante de moda
Piden tu hermosa sonrisa
Toca cambiarse de ropa
Y sigues igual de perdida.

Mientras los flashes disparan
Balas de eterna lascivia
Dejas la pose y te marchas
Tal como siempre a tu isla.

Carne de todos los posters
Reina de las pasarelas
Piernas que todos conocen
Alma que a nadie interesa.

Porque al llegar a tu casa
Sólo te ladra algún perro
Nadie calienta tu cama
Nadie te cubre de besos
Te bajas de los tacones
Como del par de mentiras
Sin las que al fin reconoces
La soledad que te humilla.

ERES EL AGUA

Toco tu mano y nada me asusta
Miro tus ojos y me hago inmortal
Muerdo tus labios y acaban mis dudas
Beso tu frente y sé la verdad.

Digo tu nombre y me hago gigante
Sueño tu pelo y encuentro la paz
Cubro tu pecho, hierve mi sangre
Huelo tu rastro y me pongo a andar.

Ya lo ves
Me derrumbo si no puedo verte
Barajo cartas de la mala suerte
Cada noche que te vas.

Oigo tu risa y creo en los milagros
Siento tu abrazo y puedo volar
Caigo en tus redes y me hago tu esclava
Sigo tus pasos y soy libertad.

Eres la llave que abre mi alma
Eres el agua que mata mi sed
Casi todo lo eres, no soy casi nada
La nube que pasa y que no quieres ver.

Busco tu sombra y tengo ilusiones
Pierdo tu aliento y empiezo a temblar
Nombro tu vientre y nacen canciones
Miro tu pena y rompo a llorar

Ya lo ves
Pierdo los sueños de mi adolescencia
Pierdo batallas cada día que empieza
Al saber que no vendrás.

Oigo tu risa y creo en los milagros
Siento tu abrazo y puedo volar
Caigo en tus redes y me hago tu esclava
Sigo tus pasos y soy libertad.

Con música de Daniel Andrea se incluyó en el disco de Malú titulado "Malú".

MARÍA Y LAS CARACOLAS

María olvida huellas en la playa
Mientras la luna llena al fin se asoma
De una mano cuelgan sus sandalias
De la otra un rumor de caracolas.

María siembra nombres en la orilla
Mientras la espuma lame sus tobillos
El tiempo ha ido matando algún sueño
Pero también haciendo otros caminos.

María olvida huellas en la playa
Igual que cuando era una princesa
No es que alguien le robase su corona
Es que la lluvia la ha cubierto de tristeza.

María dibuja crines en la arena
De unicornios que parió el invierno
Y yo la miro perderse tras una roca
Mientras la brisa peina sus recuerdos.

Ya desciende la noche como niebla
Y el frío busca abrigo entre tu falda
Ya es hora de que vuelva aquí conmigo
Que si no la necesito es que me falta.

> *Con música de Teo Cardalda se incluyó en el disco de Cómplices*
> *"A veces".*

LA NOCHE QUE VINO CHET BAKER

No sé si estuve oyéndote en el Johnny
O acaso lo he soñado tantas veces
Que si cierro los ojos ahí te veo
Soplando la belleza más doliente.

Tan frágil como un pájaro mojado
Después te vi midiendo la Gran Vía
Con la trompeta aún bajo el brazo
Buscando el polvo que te consumía.

Madrid tampoco era por entonces
La reina deslumbrante que solía
Cruzaba tu fantasma desdentado
Y entre otros mil espectros se perdía.

No sé si estuve oyéndote en el Johnny
O presumía alguien muy cercano
De un casete pirata que circula
Con la sesión de aquel once de marzo.

A un hotel de Ámsterdam llegaba
Un cuervo con un mal presentimiento
Posado en la ventana resumía
La prematura sangre de algún charco.

Madrid tampoco era por entonces
La reina deslumbrante que solía
Cruzaba tu fantasma desdentado
Y entre otros mil espectros se perdía.

PENDIENTE DE TUS LABIOS

Pendiente de tus labios
Yo sigo estando
Como un pobre mendigo
De su limosna
Fruta dulce que pido
Con ansiedad, con hambre
Pequeño manantial
Mi libertad, mi cárcel.

Pendiente de tus labios
Entre palabras breves y cotidianas
Besos que me despiertan
Nuevas pasiones locas
Dispuestas a curar
Mis antiguas derrotas.

Labios para mi sed
Labios para escapar
De un mundo que no entiendo
Labios para creer
Que este amor se hizo eterno
Labios que dan consuelo
Labios que matan celos
Salvavidas flotando en el mar
La sonrisa que guarda mi sueño.

Pendiente de tus labios
Como hace tiempo
En una madrugada
Probé el milagro
De tu boca temblando
Anunciando el deseo
Mientras que los demás
Se van adormeciendo.

Labios para mi sed
Labios para escapar
De un mundo que no entiendo
Labios para creer
Que este amor se hizo eterno
Labios que dan consuelo
Labios que matan celos
Salvavidas flotando en el mar
La sonrisa que guarda mi sueño.

Con música de Juan Cerro se incluyó en el disco de Clara Montes, "Uniendo Puertos".

SI QUIERES QUE NOS ODIEMOS

Si quieres que nos odiemos me lo dices
Y asumo ser canalla en un instante
Conozco tus flaquezas puedo herirte
Con la misma destreza que supe amarte.

Si quieres que nos odiemos adelante
Dispara algún insulto que me duela
Estoy acostumbrado a tus desplantes
Mentiras que fueron dejando huella.

Pensar que lo di todo y nada diste
No es más que un buen principio de venganza
Sentir que nuestro amor se hace imposible
La guerra en que batalla mi esperanza.

Si quieres que nos odiemos no hay problema
Se bien que amor y odio están a un paso
Dos caras que enriquecen la moneda
Dos polos que se buscan sin descanso.

Si quieres que nos odiemos yo lo intento
Ya aprendí a ser bien frío a tu lado
Tantos golpes recibí esperando besos
Tanto sueño que acabó en desengaño.

Pensar que lo di todo y nada diste
No es más que un buen principio de venganza
Sentir que nuestro amor se hace imposible
La guerra en que batalla mi esperanza.

NO HAY FRONTERA

Dame un grado de tu fiebre amigo mío
Toma un trozo de ese pan que no te sobra
Deja un poco de tu angustia en mis bolsillos
Calza un trecho del camino con mis botas.

Dame un cuarto del dolor de tus heridas
Coge todo lo que quieras de mi armario
Lanza cartas en botellas a mi orilla
Hazme un sitio en tu ruta de naufragios.

No hay frontera que me aleje de tu mano
Eres parte de mis sueños más radiantes
Pon mis ojos en las nubes de tu llanto
Pon mi nombre en las ganas de ayudarte.

Dame el viento de tus noches miserables
Coge el oro que aprisiona a mis vecinos
Siembra huellas de tus cantos por mis calles
Bebe un poco de este agua que bendigo.

Dame el virus que te asusta esta mañana
Llena el cuarto de los libros que yo leo
Muerde un beso de mi cesta de manzanas
Como muerdo de tus más recientes miedos.

No hay frontera que me aleje de tu mano
Eres parte de mis sueños más radiantes
Pon mis ojos en las nubes de tu llanto
Pon mi nombre en las ganas de ayudarte.

Canción inédita escrita para "Médicos sin fronteras", con música de Abigail.

EL DIABLO ES UNA RUBIA

El diablo es una rubia
Que se acerca a tentarme
Con su cuerpo de infarto
Y sus besos salvajes
Me dice: "Ven conmigo"
Le digo que no puedo
Y sigue con sus armas
Inmune al desaliento.

El diablo es una rubia
Que insiste en ofrecerme
Los sueños más hermosos
Las noches más ardientes
Pregunta: "¿Tienes fuego?"
Le digo que no fumo
Y en el fondo quisiera
Ahogarme en ese humo.

Tendrás que venir a buscarme
Si quieres que vuelva contigo
Ser mala saciando mi hambre
Ser buena sirviendo caprichos
Tendrás que venir a raptarme
Pues he olvidado el camino
Que lleva de nuevo a la cárcel
En donde me tienes cautivo.

El diablo es una rubia
De curvas bien perfectas
Que llevan al infierno
Por dulces carreteras
Me dice que mi vida
No parece excitante
Le digo: "Estoy de acuerdo"
Pero no entro en detalles.

El diablo es una rubia
Con los ligueros rojos
Y las piernas más largas
Que habitan los contornos
Pregunta por el precio
Al que le vendo el alma
Y aún lo estoy pensando
Para no defraudarla.

Tendrás que venir a buscarme
Si quieres que vuelva contigo
Ser mala saciando mi hambre
Ser buena sirviendo caprichos
Tendrás que venir a raptarme
Pues he olvidado el camino
Que lleva de nuevo a la cárcel
En donde me tienes cautivo.

El diablo es una rubia.

TU AUSENCIA

La huella dactilar de tus meñiques
Las perchas con nostalgia de tus blusas
Las tazas con tus labios ya imposibles
Las flores añorando tu ternura.

La radio en el dial de tus canciones
La tele en el canal de tus nostalgias
La puerta añorando tus tacones
La luna congelada en tu ventana.

Anda tu ausencia rondando
La casa donde me quisiste
Crece ocupando el espacio
De espejos y de sombras grises
Anda tu ausencia hurgando
De nuevo en nuestras heridas
La escucho midiendo el tejado
Igual que una gata perdida.

Tu aroma de guardia en los cajones
Tus cruces tachando el calendario
Mis credos evitando tus humores
Mis lágrimas formando un océano.

Mis versos añorando tu tristeza
Tu móvil ignorando mis tequieros
Mis noches transcurriendo siempre en vela
Mis sueños persiguiendo tus cabellos.

Anda tu ausencia rondando
La casa donde me quisiste
Crece ocupando el espacio
De espejos y de sombras grises
Anda tu ausencia hurgando
De nuevo en nuestras heridas
La escucho midiendo el tejado
Igual que una gata perdida.

NUESTRA HISTORIA

Un puzzle al que le falta alguna pieza
Un verso que se queda libre y suelto
Un trece en la penúltima quiniela
Un gol marcado al fin fuera de juego.

Un baile en el que aprieta algún zapato
Un cheque con falsificada firma
Un siete en el smoking bien planchado
Un barco que naufraga en plena orilla.

Me pides que resuma nuestra historia
El casi que condena nuestros sueños
La magia que termina en bancarrota
Dos alas que al final pierden el vuelo.

Un sueño del que de pronto despiertas
El móvil que se cuela en un adagio
Un fuego que se extiende pot la selva
La cita que no acaba ya en tus labios.

Un cielo encapotado sin estrellas
Un niño que ha perdido la sonrisa
Un frío chaparrón de primavera
Un arpa que allá al fondo desafina.

Me pides que resuma nuestra historia
El casi que condena nuestros sueños
La magia que termina en bancarrota
Dos alas que al final pierden el vuelo.

EL CIELO DE LOS CHARCOS

El cielo de los charcos está cerca
Y se evapora con un par de días de sol
Tiene orillas que conozco y que no crecen
Tiene nubes sobre las que salto yo.

El cielo de los charcos es finito
Sólo caben cuatro estrellas en su hondón
Paraíso de muchachos cabizbajos
Que han sufrido la primera decepción.

Eso es todo lo que puedo hoy ofrecerte
Un arco iris tan pequeño y sin color
Si algún día tuve sueños se murieron
Esperando que me abrieses el corazón.

El cielo de los charcos está turbio
Lo han pisado mil zapatos sin querer
Nadie sueña con alzarse y con tocarlo
Nadie quiere apagar en él su sed

El cielo de los charcos es el espejo
Donde vuelvo a ver mis lágrimas caer
En tus ojos vi otro cielo y sin embargo
La tormenta me ha acercado este edén.

Eso es todo lo que puedo hoy ofrecerte
Un arco iris tan pequeño y sin color
Si algún día tuve sueños se murieron
Esperando que me abrieses el corazón.

*Con música de Halldór Már se incluyó en el disco de Wiggum,
"Sintón Nisón ama a Nifú Nifá".*

HAY ÁNGELES QUE DUERMEN EN TUS OJOS

Hay ángeles que duermen en tus ojos
Por eso si amanece me iluminas
Me lleno de esperanza si te toco
Me cubro de ilusiones si me miras.

Hay ángeles que duermen en tus ojos
Por eso son tus sueños fantasías
A los que yo me agarro como un loco
Para no derrumbarme cada día.

En sus alas me trepo yo hasta el cielo
Jugando como un niño entre las nubes
Sabiendo que es tan frágil lo que tengo
Que al fin lo mata siempre la costumbre.

Hay ángeles que duermen en tus ojos
Por eso me sumerjo en tus pupilas
En busca de remedio a mis antojos
En busca de la cura a mis heridas.

Hay ángeles que duermen en tus ojos
O al menos una luz que me hipnotiza
Sin tu mirada se que no hallo el modo
De caminar con fuerzas por la vida.

En sus alas me trepo yo hasta el cielo
Jugando como un niño entre las nubes
Sabiendo que es tan frágil lo que tengo
Que al fin lo mata siempre la costumbre.

*Con música de Guillermo Marín se incluyó en el disco de Javi
Mota, "Inesperado IV + I"*

POR EL BOSQUE

Perdámonos muchacha por el bosque
Sin dejar migas de pan o mil canicas
Veamos descender entre las ramas
La noche como un manto de ceniza.

Perdámonos muchacha por el bosque
Sin brújula que oriente nuestros pasos
Hagamos un incendio que a los lobos
Asuste como asustan sus bocados.

Yo cuidaré de ti si no te importa
Y tú me acercarás tus pies desnudos
Iremos dando nombre a las estrellas
Mientras peinan senderos y arbustos.

Perdámonos muchacha por el bosque
Sin pensarlo tampoco demasiado
Démosle un disgusto a tus hermanos
Mientras la ardilla huele nuestro rastro.

Perdámonos muchacha por el bosque
Ahora que estamos bien enamorados
Busquemos madriguera entre la savia
Y cuando se haga tarde no volvamos.

Yo cuidaré de ti si no te importa
Y tú me acercarás tus pies desnudos
Iremos dando nombre a las estrellas
Mientras peinan senderos y arbustos.

> *Con música de Teo Cardalda se incluyó en el disco de Cómplices,*
> *"A veces".*

LÁGRIMAS

Hay lágrimas que manchan viejas cartas
Hay lágrimas que curan despedidas
Hay lágrimas que alumbran madrugadas
Hay lágrimas que salvan al suicida.

Hay lágrimas que sí valen la pena
Hay lágrimas que alguien se merece
Hay lágrimas rompiendo mis esquemas
Hay lágrimas que al fin nos hacen fuertes.

Y no quiero que por eso te preocupes
Si es sólo mi derecho a la tristeza
Ataques de nostalgia que descubren
Que nunca se supera alguna ausencia
Las gotas de cristal que me resbalan
Ayudan a sentirme que estoy viva
Son bálsamo de lluvia que me calma
El beso que desciende hasta mi herida.

Hay lágrimas que no se secan nunca
Hay lágrimas que no ves en espejos
Hay lágrimas que siempre nos desnudan
Hay lágrimas que nos hacen más viejos.

Hay lágrimas que bebes muy despacio
Hay lágrimas que lloro para adentro
Hay lágrimas que piden más espacio
Hay lágrimas que no se lleva el viento.

Y no quiero que por eso te preocupes
Si es sólo mi derecho a la tristeza
Ataques de nostalgia que descubren
Que nunca se supera alguna ausencia
Las gotas de cristal que me resbalan
Ayudan a sentirme que estoy viva
Son bálsamo de lluvia que me calma
El beso que desciende hasta mi herida.

Con música de Guillermo Marín se incluyó en el disco de Rosa Rodríguez, "Lágrimas".

HA TERMINADO EL BESO

Ha terminado el beso
Ha empezado la noche
Ha escapado el expreso
Ha regresado el reproche.

Ha terminado el beso
Han estallado sirenas
Ha vuelto a caer el peso
De las antiguas cadenas.

Ha terminado el beso
Ha callado la radio
Ha fallado el intento
Ha vencido el cansancio.

Ha terminado el beso
Ya llegó la tormenta
Despertaron los miedos
Se ha declarado la guerra.

Y se han espantado las aves
Asustando a los niños
Derrumbados los sueños
Se han cortado los hilos.

Se han cerrado las puertas
Abriendo las heridas
Ha terminado el beso
Y se hace difícil la vida
Se hace difícil la vida.

Ha terminado el beso
Ya llegó la pereza
Envejecido el espejo
Se marchitó la violeta.

Ha terminado el beso
Han anunciado rutina
Han temblado los cielos
Han descubierto desidia.

Ha terminado el beso
Ha callado la radio
Ha fallado el intento
Ha vencido el cansancio.

Ha terminado el beso
Ya llegó la tormenta
Despertaron los miedos
Se ha declarado la guerra.

Y se han espantado las aves
Asustando a los niños
Derrumbados los sueños
Se han cortado los hilos.

Se han cerrado las puertas
Abriendo las heridas
Ha terminado el beso
Y se hace difícil la vida
se hace difícil la vida.

*Con música de Teo Cardalda se incluyó en el disco de Cómplices,
"Cousas de meigas".*

¿QUÉ HAS HECHO CON MI VIDA?

Si algún día me faltases
Tal vez tenga que aprender
A vivir en este mundo
Tan absurdo sin tu piel
A nadar en este mar
Sin tu risa salvavidas.

Si algún día no estuvieses
A mi lado al despertar
¿Tras qué sueño puedo irme?
¿Qué banderas levantar?
¿Con quién voy a compartir
Mis victorias, mis heridas?

¿Y qué me importa lo que tenga que llover
Si el milagro será mantenerme en pie?

¿Qué has hecho con mi vida
Que yo no sé vivirla si no estás?
¿Qué has hecho con mis manos
Si sólo por tu cuerpo saben volar?
¿Qué has hecho con mi voz
Si sólo por tu amor puedo cantar?
¿Qué has hecho con mi vida?
Sin ti me falta el aire al respirar
¿Qué has hecho con mis ojos?
Sin ti sólo se acuerdan de llorar
¿Qué has hecho con mi fe
Si sólo rezaría por ganarme un beso más?

Si algún día me faltases
Tal vez tenga que aceptar
Que soy sombra de tu sombra
Y sólo sumo la mitad
De tu forma de mirar
Tus pudores y manías.

¿Y qué me importan las noticias
Si no sé ni la hora sin tu taza de café?

¿Qué has hecho con mi vida
Que yo no sé vivirla si no estás?
¿Qué has hecho con mis manos
Si sólo por tu cuerpo saben volar?
¿Qué has hecho con mi voz
Si sólo por tu amor puedo cantar?
¿Qué has hecho con mi vida?
Sin ti me falta el aire al respirar
¿Qué has hecho con mis ojos?
Sin ti sólo se acuerdan de llorar
¿Qué has hecho con mi fe
Si sólo rezaría por ganarme un beso más?

Con música de César G. Ross se incluyó en el disco de Eva Ruiz, "11 vidas".

PASEMOS A LOS BESOS

Pasemos a los besos se hace tarde
Y el frío nos ataca de improviso
Dejemos para luego los alardes
Los miedos, los reparos, los permisos.

Pasemos a los besos que ya es hora
De darle de beber a nuestras lenguas
Y de explorar el cielo de tu boca
Sin tantos protocolos ni vergüenza.

Pasemos a los besos
De una vez por todas
Si quieres sin excesos
Sin quieres con la ropa
Pasemos a los besos
Antes de que se agoten
Las ganas y el momento
Pasemos a los besos
Pasemos a los besos
A los besos.

Pasemos a los besos que es lo suyo
Como también lo nuestro si lo piensas
Dejemos aparcados los discursos
Y mientras te desvisto y te despeinas.

Pasemos a los besos sin demora
Que lo tedioso es quedarse cortos
Sintamos lo que ocurre si se tocan
Tus dientes y mis dientes sin decoro.

Pasemos a los besos
De una vez por todas
Si quieres sin excesos
Sin quieres con la ropa
Pasemos a los besos
Antes de que se agoten
Las ganas y el momento
Pasemos a los besos
Pasemos a los besos
A los besos.

Con música de los hermanos San Luis se incluyó en el disco de Marc Anthony, "Muevense".

MÍRAME POR DENTRO

Mírame por dentro
Que yo al fin te veo
Que te fijas mucho
Tan sólo en mi cuerpo
Ni rozas mi alma
Ni sabes que siento
Sigues tan miope
Con mis sentimientos.

Mírame por dentro
Ya sé que te gusto
Bastante por fuera
Eso no lo dudo
Prueba a contemplarme
Como una persona
Que esconde a los ojos
Lo que más importa.

Mírame
Como a un regalo que
Guarda su secreto
Por fuera es adorno
Por dentro es intenso
Mírame
Que si no puedes ver
Lo que guardo dentro
No valdrá la pena
Sólo es pasajero.

Mírame por dentro
Como yo te veo
Por fuera me gustas
Pero no me muero
Hoy sólo me excita
Que arañes por dentro
La piel se marchita
Por dentro crecemos.

Mírame
Como a un regalo que
Guarda su secreto
Por fuera es adorno
Por dentro es intenso
Mírame
Que si no puedes ver
Lo que guardo dentro
No valdrá la pena
Sólo es pasajero.
No valdrá la pena, no
No tiene remedio.

Con música de Guillermo Marín se incluyó como extra del disco de Tamara "Amores".

¿Y TÚ QUÉ SABES?

Me dicen que dices a mi espalda
Que muero poco a poco de tu herida
Que a veces aún tu nombre se me escapa
Si otra al fin me acerca sus caricias.

Me dicen que dices mil bobadas
Que cuentas mil hazañas que te inventas
Te creces con orgullo porque hablas
Lo cierto es que tan sólo me das pena.

¿Y tú qué sabes?
Si nunca he sentido entre tus brazos
El cielo que otra boca hoy me acerca
Si nunca me entregaste más regalo
Que un cielo caducado de promesas
¿Y tú qué sabes?

Me dicen que dices que aún te quiero
Que volvería contigo si tú quieres
Que poco me conoces desde luego
Que lejos de mis sueños te entretienes.

Me dicen que dices tantas cosas
Que no sé qué locura me ha cegado
Para llorar contigo la derrota
De un hombre que tanto te ha entregado.

¿Y tú qué sabes?
Si nunca he sentido entre tus brazos
El cielo que otra boca hoy me acerca
Si nunca me entregaste más regalo
Que un cielo caducado de promesas
¿Y tú qué sabes?
Si nunca me sembraste en mi cama
Las flores de un deseo satisfecho
Si siempre me dejaste con las ganas
Sembrando telarañas en el techo
¿Y tú que sabes?
¿Qué sabes tú?

Con música de Karen Somoza se incluyó en el disco de Sergio Dalma, "Cadore 33".

NO TE ACUERDES DE MÍ

Eras la princesa del lugar
Un hermoso sueño sensual
Como no extrañar al verte tu sonrisa.

Pálido fantasma sin hogar
Dando coletazos de alacrán
Por los paraísos tristes del suicida.

No te acuerdes de mí
Disimula y di que no me has visto
No me olvido de ti
Fuiste en otra vida dulce abrigo.

Dicen que te vieron resbalar
Tras la luz de un cielo artificial
Que desorientada peinas los infiernos.

Bajo los cartones dormirás
Escapando en sueños y quizás
Vuelvas a pisar las calles de aquel tiempo.

No te acuerdes de mí
Disimula y di que no me has visto
No me olvido de ti
Fuiste en otra vida dulce abrigo.

En el fondo de tus ojos
Reconozco los escombros
Que no sabré curar
Carrusel feroz la vida
Cuántas vueltas sin sentido
¿Quién sabe a dónde va…?

No te acuerdes de mí
Disimula y di que no me has visto
No me olvido de ti
Fuiste en otra vida dulce abrigo.

Con música de Pepe Robes se incluyó en el disco de Pepe Robles, "Ventanas encendidas".

SI ME NOMBRAS

Sé que existo
Si me nombras tú
Sé que alumbro
Si me das tu luz
Que si esperas
Llegaré puntual
Si no llegas
Yo te espero igual.

Que por tu piel
Me pongo a caminar
En cada despertar
Que si pides doy
Si me llamas voy
Trenzas mi voluntad.

Sé que puedo
Si me lo juras tú
Sin tu cara
Siempre me sale cruz.

Si me sonríes vuelo
Si te arrodillas creo
Si tu tropiezas yo caeré
Si me perdonas nazco
Si creces yo te alcanzo
Y si me olvidas moriré.

Sé que existo
Si me nombras tú
Que si lloras
Cargo con tu cruz
Si me rindo
Es que no oí tu voz
Si te duele
Me desangro yo.

Que por tu pie
Comienzo a caminar
En cada despertar
Que si pides doy
Si me llamas voy
Trenzas mi voluntad.

Sé que existo
Si me nombras tú
Que sin ti seré
Nadie en la multitud.

Con música de Nando González se incluyó en el disco de Ana Belén, "Peces de ciudad".

MENTIRAS SINCERAS

Hay silencios que lo dicen todo
Hay palabras que no dicen nada
Hay corduras que nos vuelven locos
Nubes negras de blanca esperanza.

Hay riquezas que nos hacen pobres
Hay perdones que tan sólo culpan
Libertades que plantan barrotes
Ciertos trajes que al fin te desnudan.

Hay verdades que siembran mentiras
Hay mentiras que son muy sinceras
Hay disparos que devuelven vida
Hay amores que matan de veras.

Hay halagos que tan sólo insultan
Hay heridas que tan sólo curan
Hay pecados que nos santifican
Hay respuestas que proyectan dudas.

Hay peligros que a veces nos salvan
Valentías que generan miedos
Laberintos que tus pies encauzan
Hay medallas que matan un sueño.

Hay verdades que siembran mentiras
Hay mentiras que son muy sinceras
Hay disparos que devuelven vida
Hay amores que matan de veras.

Con música de Alex Ubago se incluyó una adaptación de esta letra en el disco de Alex Ubago, "Mentiras sinceras".

VEN A PERVERTIRME

Ven a pervertirme con tus besos
Con tus artes de maestro consumado
Prometo ser sumisa y obediente
Abandonarme entre tus manos.

Ven a pervertirme con tus juegos
Que quiero doctorarme en tus pasiones
Perderme en esos ritos tan prohibidos
Que encarecieron los inquisidores.

Ven a pervertirme con tus frases
Dime palabras feas y atrevidas
Quiero contagiarme de tus vicios
Merecerme tus caricias.

Ven a pervertirme con tus juegos
Que quiero doctorarme en tus pasiones.

Cuando esté bien escandalizada
Susúrrame al oído que me amas
Susúrrame al oído que me amas.

Ven a pervertirme con tus trucos
De muchacho golfo y descarado
Ceder a tentaciones tan jugosas
Perderme para siempre entre tus brazos
Ven a pervertirme con tus juegos
Que quiero doctorarme en tus pasiones.

Cuando esté bien escandalizada
Susúrrame al oído que me amas
Susúrrame al oído que me amas
Que me amas.

> *Con música de Teo Cardalda se incluyó en el disco de Malú,*
> *"Esta vez".*

LA VIDA ES DE LOS QUE ARRIESGAN

De los que entran en la selva sin un guía
De los que arrojan su tristeza a las palomas
De los que bajan asombrados la pendiente
De los que bailan bajo el sol y sin camisa.

De los que suben sin descanso la escalera
De los que prueban los licores más espesos
De los que saltan las fronteras sin licencia
De los que se aman en las noches de tormenta.

La vida es de los arriesgan
De los que muerden sin prejuicios la manzana
La vida es de los que arriesgan
De los que apuestan todo a doble o nada.

De los que abren el sendero con machete
De los que miran sin miedos al horizonte
De los que ya han despistado hasta a su sombra
De los que olvidan las heridas que conocen.

De los que escapan sin mapas en la maleta
De los que encienden hogueras bajo la lluvia
De los que huyen de cualquier sala de espera
De los que no se castigan con preguntas.

La vida es de los que arriesgan
De los que muerden sin prejuicios la manzana
La vida es de los que arriesgan
De los que apuestan todo a doble o nada.

*Con música de Gabriel Sopeña se incluyó en el disco "Balmoral"
de Loquillo.*

A VECES

A veces hay un mundo entre tus ojos y los míos
Y no es fácil cruzarlo en tan sólo ochenta días
Las aduanas crecen y los mapas me confunden
Cuando tú no me esperas al final de la autopista.

A veces nacen mares entre tu boca y la mía
Y sus olas salvajes no permiten ni un crucero
Vagando por el puerto de tu ausencia me derrumbo
Y cada vez que miro el horizonte está más lejos.

Pensar que un día confundimos
Las manos, los labios, los brazos
Y ahora que sangras no me duele
Y ahora que muero no te mueres.

A veces hay mil nubes entre tu frente y la mía
Y ya no daría nada por saber tus pensamientos
Y no es que no me importe pero tampoco me salvan
Del tedio que reflejan hace tiempo los espejos.

A veces hay un muro entre tus sueños y los míos
Un muro invisible que en silencio levantamos
No es que no queden fuerzas para ir a derrumbarlo
Es que no quedan ganas ni siquiera de intentarlo.

Pensar que un día confundimos
Las manos, los labios, los brazos
Y ahora que sangras no me duele
Y ahora que muero no te mueres.

> *Con música de Teo Cardalda se incluyó en el disco "A veces" de Cómplices.*

VENGO DE TU SONRISA

Vengo de tu sonrisa y soy la suerte
Que me ha tocado y algunas veces no merezco
Traigo toda la fuerza que genera
Saberme a tu lado en el trayecto.

Vengo de tu sonrisa y voy al mundo
Que no me asusta casi nada si te veo
Los días se suceden sin más prisa
Que acomodarme a la inercia de tu cuerpo.

De tu boca que es la fruta más sabrosa
Tomo el aire que me salva del naufragio
Nada pueden estas lluvias torrenciales
A tu abrigo ya no alcanza el desamparo.

Vengo de tu sonrisa y sé que puedo
Sumarme a esos combates cotidianos
Qué nube habrá que yo no salte
Si me alzo con las alas que me has dado.

Vengo de tu sonrisa y no me importa
Que la noche se me acerque sin estrellas
Qué astros necesito yo aquí arriba
Si el brillo de tu amor ya me alimenta.

De tu boca que es la fruta más sabrosa
Tomo el aire que me salva del naufragio
Nada pueden estas lluvias torrenciales
A tu abrigo ya no alcanza el desamparo.

Se incluyó en el disco "Y rodará el mundo" de Marina Rossell con música de Juan Mari Montes.

CASI ME HE CREÍDO QUE ME QUIERES

Casi me he creído que me quieres
Y andaba presumiendo de tus besos
Manchando de inocencia las paredes
Pisando con tus suelas todo el miedo.

Casi me he creído que me quieres
Que es igual que ser tormenta de alegría
Y con este credo simple entre los dientes
Me acercaba reclamando tus caricias.

Y como nadie dijo lo contrario
Así llegué a instalarme en este cielo
Silbando la noticia del milagro
A la luna congelada del invierno.

Casi me he creído que me quieres
Y vestía mi esperanza con proyectos
De tus manos tomé seda suficiente
De tus ojos la luz para el trayecto.

Casi me he creído que me quieres
Porque es fácil tropezar con algún sueño
Tan difícil como despertar y verte
Enhebrando mis heridas con tu pelo.

Y como nadie dijo lo contrario
Así llegué a instalarme en este cielo
Silbando la noticia del milagro
A la luna congelada del invierno.

*Se incluyó en el disco "Preguntas y flores" de Cómplices con
música de Teo Cardalda.*

NI TÚ ME ENTIENDES

Ni yo te entiendo
Ni tú me entiendes
Si hablas a gritos
Yo entre los dientes
Nos vamos yendo
Por la pendiente
Hacia un infierno
De fría nieve.

Ni yo te oigo
Ni tú me escuchas
Bien preparados
Para la lucha
Con los reproches
Acumulados
De tantas noches
De no alcanzarnos.

Y cada día
Estás más lejos
De aquellos ojos
Que yo recuerdo
Que me miraban
De otra manera
Que me llenaban
De primavera.

Ni yo te entiendo
Ni tú me entiendes
Sólo nos lleva
Esta corriente
De irnos gastando
Muy poco a poco
Mientras la vida
Cose el destrozo.

Y cada día
Estás más lejos
De aquellos ojos
Que yo recuerdo
Que me miraban
De otra manera
Que me llenaban
De primavera.

*Con música de Miguel Ángel García Cossío se incluyó en el disco
"Vente conmigo" de Aray.*

DECLARACIÓN

Si tengo que afiliarme yo me afilio
A la caricia que procede de tu mano
A las esquinas azules de la noche
A las palomas que optaron por mi tejado.

Si he de detenerme me detengo
Ante el vino compartido con amigos
Ante el barco de vela y la sonrisa
De la cajera del ultramarinos.

A todo eso que los misiles apuntan
Con su ojo de fuego miserable
A todo eso que la guerra arrebata
A todo eso que soñamos habitable.

Si he de declararme me declaro
A la flor que nace en los escombros
A la luna de abril enamorada
A las olas de la isla del tesoro.

Si tengo que acercarme yo me acerco
A las largas colas de los minicines
A los atardeceres en el puerto
A la pasión de los boleros tristes.

A todo eso que los misiles apuntan
Con su ojo de fuego miserable
A todo eso que la guerra arrebata
A todo eso que soñamos habitable.

Si tengo que rendirme yo me rindo
A los versos juveniles de Neruda
A los sueños sublimes de la infancia
Al beneficio saludable de la duda.

A todo eso que los misiles apuntan
Con su ojo de fuego miserable
A todo eso que la guerra arrebata
A todo eso que soñamos habitable.

*Con música de Pablo Perea se incluyó en el disco "Buscándote"
de Pablo Perea.*

AUTOBIOGRAFÍA DE UN CIGARRO

No sé que hubo antes
Pero desde que tengo uso de razón
Comparto mi vida
Con otros diecinueve rubios como yo
No sé cuánto tiempo
Ciertamente aún tendré que esperar
Los labios de mi princesa
Muy poco dinero cuesta soñar.

Pero ahora mismo despierto
Y lo hago aburrido igual que ayer
Aquí dentro haciendo paquete
En la máquina oscura de un viejo café
Pero algo me empuja
Y me precipito por fin al exterior
Para volver de nuevo
A ser como siempre un soñador.

Y sueño que ardo en su boca
Que acabo borracho de rojo carmín
Aún sabiendo que soy peligroso
Con mucha pasión chupa de mi.

Pero ya ves estoy en las manos
Ya muy amarillas de un fumador
Que recoge la vuelta
Y se acerca a la barra con aires de seductor
Y detrás de una copa
Resulta que espera la más hermosa mujer
A ella me ofrece
Y por un segundo empiezo a soñar otra vez.

Pero me equivoco
Porque esta mujer hace tiempo dejo de fumar
Y acabo en los labios
De un tipo triste, aburrido y vulgar
No tengo suerte
Soy esa ceniza que acaba de rechazar
Pequeñas volutas de humo
Una colilla aplastada en un bar.

Y sueño que ardo en su boca
Que acabo borracho de rojo carmín
Aún sabiendo que soy peligroso
Con mucha pasión chupa de mi.

*Con música de Juan Mari Montes se incluyó en el álbum
"Sentidos prohibidos" de Juan Mari Montes interpretada a dúo
junto a Alberto Comesaña.*

AL BORDE DE UN SAXO

Vestía de negro igual que su boca
Movía las manos como esas dos alas
Que alzan el vuelo buscando la copa
Del árbol que esconde verdades amargas.

Cantaba algún credo de Nina Simone
Al borde de un saxo herido de pena
Y todas las mesas callaban entonces
Pendientes del hilo de su voz de seda.

Guardaba postales en sus negros ojos
De niños descalzos y hambre reciente
Del África oscura y tantos escombros
Soñando otra vida tras el mar de enfrente.

Cantaba los martes, los jueves y viernes
Tras el jazz amable del viejo cuarteto
Dejaba una estela de sexo presente
Y hermosas caderas diciendo hasta luego.

Un día no vino sin dar más noticia
Se quedaron mudos todos los acordes
Confusos mostramos aún esa herida
De no saber cierto aún ni su nombre.

Guardaba postales en sus negros ojos
De niños descalzos y hambre reciente
Del África oscura y tantos escombros
Soñando otra vida tras el mar de enfrente.

CAPÍTULO CERRADO

Del prólogo hasta el índice conozco
Muy bien ya cada página que integras
Pregunta lo que quieras y respondo
Que al fin soy un doctor en tu materia

Pues fui memorizando tus esquemas
Y espantando miedos con ternura
Aceptando tus números sin tregua
Y despejando incógnitas oscuras.

Hoy eres un libro abierto
Con mil frases gastadas
Hoy eres un libro abierto
Que ya no me enseña nada
Un capítulo cerrado de mi vida
Un capítulo cerrado de mi vida.

Con todos tus ejemplos y teorías
Ejerciste de gran inteligencia
Pero al fin tus erratas ratifican
Que no cualquier lección vale la pena.

Que algún ignorante venga ahora
A cepillarte el polvo que acumulas
Que yo ya te conozco de memoria
Punto y final le pongo a mi aventura.

Hoy eres un libro abierto
Con mil frases gastadas
Hoy eres un libro abierto
Que ya no me enseña nada
Un capítulo cerrado de mi vida
Un capítulo cerrado de mi vida.

CONFESIONES SENTIMENTALES
DE UN ASTRÓLOGO

Al principio me gustaban casi todas
Pero pronto descarté a las acuario
A las géminis con ascendente en libra
Y a las leo con la luna en sagitario.

Ellas fueron mis primeras experiencias
Y ninguna progresó en el calendario
Pero de pronto apareció aquella virgo
Para dejar de serlo entre mis brazos.

Y fuimos con locura apasionados
Hasta que se fugó con un escorpio
Amigo de un amigo de internado
Testigo de su cuarto matrimonio
Y comencé a sentirme un desgraciado
Cornudo como un triste capricornio
Con la carta astral de un desahuciado
Adicto a los recuerdos y al insomnio.

Después vino a consolarme una piscis
Escapando de algún cáncer muy celoso
En sus manos hallé un dulce paraíso
La ternura dibujándose en sus ojos.

Y aquí sigo en sus brazos ignorando
El implacable acoso de un tauro
Que un buen día dijo aire a un aries
Por andar con una libra flirteando.

Y fuimos con locura apasionados
Hasta que se fugó con un escorpio
Amigo de un amigo de internado
Testigo de su cuarto matrimonio
Y comencé a sentirme un desgraciado
Cornudo como un triste capricornio
Con la carta astral de un desahuciado
Adicto a los recuerdos y al insomnio.

Se incluyo en el disco "La mirada del ángel" de Juan Mari Montes con música del propio autor.

LAGO HELADO

El frío ha cubierto nuestro lago
Y el hielo nos separa de repente
Tu bailas por arriba patinando
Me hunde por debajo la corriente.

El frío ha cubierto nuestro lago
Pareces muy feliz dando mil vueltas
Te miro muy hermosa por debajo
Y entiendo que al final ya ni me esperas.

Si estás al otro lado del espejo
Y cada vez te siento más lejana
Mientras yo sin oxígeno me quedo
Al fondo enredado entre las algas.

El frío ha cubierto nuestro lago
Así nos ha encontrado la mañana
Ni intuyes ya la angustia con que nado
Ni oigo las canciones que tú cantas.

El frío ha cubierto nuestro lago
Y la capa de hielo nos separa
Te vas con los patines en la mano
Mientras que yo te llamo bajo el agua.

Si estás al otro lado del espejo
Y cada vez te siento más lejana
Mientras yo sin oxígeno me quedo
Al fondo enredado entre las algas.

FRESAS

He comprado fresas para ti
En el mercado del amanecer
Maduras como besos de carmín
Jugosas como un dedal de miel.

He comprado fresas para ti
Muérdelas que quiero ver correr
En tu boca la savia del jardín
Y en tu cuello la ruta del placer.

Te vendaré los ojos para ver
Como tu hambre apura su licor
Y cuando al fin termines besaré
Tus labios bien colmados de pasión.

He comprado fresas para ti
Traigo una cesta llena pues tal vez
No te importe amiga compartir
La dulce fruta del mal y del bien.

He comprado fresas para ti
Que iré colocando por mi piel
Para que sepas por donde venir
Si te perdieras en el anochecer.

Te vendaré los ojos para ver
Como tu hambre apura su licor
Y cuando al fin termine besaré
Tus labios bien colmados de pasión.

Con música de Diego Magallanes se incluyó en el disco de José Mercé, "Lo que no se da".

ESO QUE LLAMAN AMOR

Resucita a los muertos
Domestica a las fieras
Pinta oasis en desiertos
Salta todas las fronteras
Glorifica los escotes
Entorpece la sesera
Emborrona los informes
Adelanta primaveras.

Moderniza los armarios
Dicta versos al poeta
Deja marcas en los labios
Deja mudos por la acera
Predispone al goloso
Le da excusa al sumiso
Roba cartas al tramposo
Cruza cables al buen juicio.

Eso que llaman amor
Es caprichoso ya ves
Vuelve al más santo traidor
Hace al ateo creer
Eso que llaman amor
Nadie lo puede entender
Vuelve esclavo al señor
Pone al más libre en la red.

Idealiza a los amantes
Narcotiza a los canallas
Vuelve cursi al más pedante
Gasta el saldo con bobadas
Va bajando cremalleras
Va explorando por los cines
Los estrictos se liberan
Los cubitos se derriten.

Se cotizan los refugios
Rompe todos los esquemas
Se hacen blandos los más duros
Parpadean las estrellas
Se desatan los murmullos
Se desmontan los teoremas
Dulcifica los insultos
Descontrola las agendas.

Eso que llaman amor
Es caprichoso ya ves
Vuelve al más santo traidor
Hace al ateo creer
Eso que llaman amor
Nadie lo puede entender
Vuelve esclavo al señor
Pone al más libre en la red.

CRISÁLIDA

Te fuiste alejando del mundo
Perdida en tus cuatro paredes
Sin labios que alcancen tu orgullo
Sin manos que cambien tu suerte.

Te fuiste quedando tan sola
Abrazada a tus propias rodillas
Que ahora que llegan las sombras
No puedes con tus pesadillas.

Fue tan difícil amarte
Pequeña crisálida hermosa
Que tuve al fin que marcharme
En alas de otras mariposas.

Te fuiste alejando de todos
Guardada en tus pensamientos
Si anduve buscando tus ojos
Hallé sólo un mar de silencio.

Colgada de tu propia nube
Autista trenzando algún sueño
Me buscas ahora y no tengo
Más tiempo que darle a tu tiempo.

Fue tan difícil amarte
Pequeña crisálida hermosa
Que tuve al fin que marcharme
En alas de otras mariposas.

Con música de Teo Cardalda se incluyó en el álbum "A veces" de Cómplices interpretada por Teo Cardalda y Álvaro Urquijo de Los Secretos.

CARICIAS DE TIGRE

Confiando en la caricia de los tigres
Llenaste tu maleta al despertar
Creyendo que el amor tiene matices
Que fuera no es sencillo descifrar.

Confiando en la caricia de los tigres
En busca de un amor más visceral
Regresas y tus ojos son más tristes
Negando su zarpazo de animal.

Por mucho que te empeñes
Jamás te hará feliz
Porque la selva es selva
Con disfraz de jardín
Aunque te apriete mucho
Su abrazo no es querer
La bestia nunca supo
Amar a una mujer.

Confiando en la caricia de los tigres
Convertiste tu cueva en vuestro hogar
Si tal vez bien saciado te despiste
Con hambre te parezca más brutal.

Confiando en la caricia de los tigres
Dejaste un buen día la ciudad
Hoy lloras tan lejos de tus raíces
Frente al rugido de la soledad.

Por mucho que te empeñes
Jamás te hará feliz
Porque la selva es selva
Con disfraz de jardín
Aunque te apriete mucho
Su abrazo no es querer
La bestia nunca supo
Amar a una mujer.

MILAGRO PERMANENTE

La vida es un milagro permanente
Desde que el sol se posa en los tejados
Hay sueños floreciendo de repente
Hay lágrimas que empañan el diario.

La vida es un milagro permanente
Una mirada amable por la acera
Hay besos que se lleva la corriente
Hay labios que en la esquina nos esperan.

Regalos imprevistos
Que nunca planeamos
Caprichos de un destino
Que lanza así los dados
Una estrella en el cielo
Guiando nuestros pasos
Ruleta repartiendo
Heridas con abrazos
La vida es un milagro permanente.

La vida es un milagro permanente
Un tren atravesando mil paisajes
Un laberinto que al fin nadie entiende
Un barco visitando extraños mares.

La vida es un milagro permanente
Delirios de algún dios enamorado
Pregunta sin respuesta convincente
Extraño paraíso que habitamos.

Regalos imprevistos
Que nunca planeamos
Caprichos de un destino
Que lanza así los dados
Una estrella en el cielo
Guiando nuestros pasos
Ruleta repartiendo
Heridas con abrazos
La vida es un milagro permanente.

HE DECIDIDO

No habrá canciones que te recuerden
No habrá más sueños que me traicionen
No habrá más dudas que me atormenten
Ni habrá caricias que me trastoquen.

No habrás promesas que yo me crea
No habrá mentiras abriendo heridas
No habrá llamadas que te reclamen
No habrá más besos que me desdigan.

He decidido que esto se acaba
Que ni me quieres ni yo te amo
Aunque no sea del todo cierto
Aunque me mates de tanto daño
He decidido que no me importa
Que andes pendiente de otros labios
Aunque no sea del todo cierto
Lo he decidido y al fin me marcho.

No habrá cadenas que me aprisionen
No habrá coartadas que a ti te salven
No habrá ya excusas que te perdonen
Ni habrá reproches que yo me calle.

No habrá más cielo nunca en tus ojos
No habrá más versos que yo te escriba
No habrá más flores entre despojos
Ni habrá más pena de despedidas.

He decidido que esto se acaba
Que ni me quieres ni yo te amo
Aunque no sea del todo cierto
Aunque me mates de tanto daño
He decidido que no me importa
Que andes pendiente de otros labios
Aunque no sea del todo cierto
Lo he decidido y al fin me marcho.

LOS DIOSES ENGAÑAN

Con hechos recientes
Con cartas marcadas
Con viejas lecturas
Los dioses engañan.

Allá en sus altares
Su voz les delata
Nunca nos quisieron
Los dioses engañan.

Tan sólo presumen
No tienen palabra
Lloran a escondidas
Los dioses engañan.

Perfectos mortales
Mirada asustada
Tropiezan y caen
Los dioses engañan.

Lo siento muchacho
No existen los dioses
Era sólo un pacto
Firmado por hombres
Cumplimos sus leyes
Velamos sus armas
Todo era mentira.

Los dioses engañan
Están derrotados
Vuelven a la nada
Se inventan milagros
Los dioses engañan.

No van a salvarte
Son sólo patrañas
Llegan a destiempo
Los dioses engañan.

Incumplen promesas
Con barro en las alas
Disfraz alquilado
Los dioses engañan.

Se mueren de frío
Se manchan el alma
Defraudan de cerca
Los dioses engañan.

Lo siento muchacho
No existen los dioses
Era sólo un pacto
Firmado por hombres
Cumplimos sus leyes
Velamos sus armas
Todo era mentira
Los dioses engañan.

Con música de Gabriel Sopeña se incluyó en el álbum "Viento del este" de Loquillo.

MORDIENDO LA VIDA

Bailaba ligera igual que una diosa
Con el pelo suelto como catarata
Las piernas muy largas la falda más corta
Los ojos sedientos mirando en la barra.

Bailaba ligera al fin de un verano
Pulseras de cuero, ardiente la sangre
De eso parece que hace mil años
Y aún la recuerdo con todo detalle.

Tal vez porque fui feliz a su lado
Mordiendo la vida con todas las ganas
Quizás porque fue el cielo más claro
Que llevo guardado dentro del alma
Tal vez porque fui feliz a su lado
Quizás porque al fin no quiero olvidarla
Regreso otra vez de nuevo a sus labios
Bebiendo este trago de dulce nostalgia.

Bailaba ligera igual que una diosa
Sonaban guitarras de noche de hoguera
Medía la pista como mariposa
Que vuela segura, ajena y tan bella.

Bailaba ligera con sus dieciocho
Descalza cantaba hermosas canciones
Con su flor de trébol pintada en el hombro
Aún sigue girando tal cual era entonces.

Tal vez porque fui feliz a su lado
Mordiendo la vida con todas las ganas
Quizás porque fue el cielo más claro
Que llevo guardado dentro del alma
Tal vez porque fui feliz a su lado
Quizás porque al fin no quiero olvidarla
Regreso otra vez de nuevo a sus labios
Bebiendo este trago de dulce nostalgia.

SERÁ PORQUE ANDA CERCA SU SONRISA

Si se funden los plomos de repente
Si florecen las petunias en otoño
Si el cobarde parece tan valiente
Si la miran los carteros de reojo.

Si se vuelven amables los vecinos
Si tropiezan sin querer los caminantes
Si se pierden las rutas de improviso
Si se crece en escena el comediante.

Será porque anda cerca su sonrisa
Y vuela por el aire seductora
Será porque ella dobla alguna esquina
Y quiera que la sigas a deshoras
Será porque anda suelta su belleza
Y juega a enredarnos con sus lazos
Igual que a la más torpe marioneta
Que ignora el hechizo de sus labios.

Si escriben sin descanso los poetas
Si vuelven a creer los más ateos
Si rompen los más fieles sus promesas
Si mienten sin motivo los sinceros.

Si vienen desertando los soldados
Si cruza el perezoso los desiertos
Si se atreven a soñar los desahuciados
Si se nublan los informes del experto.

Será porque anda cerca su sonrisa
Y vuela por el aire seductora
Será porque ella dobla alguna esquina
Y quiera que la sigas a deshoras
Será porque anda suelta su belleza
Y juega a enredarnos con sus lazos
Igual que a la más torpe marioneta
Que ignora el hechizo de sus labios.

ALGO IMPOSIBLE

Las curvas de un cuadrado
El Dios de los ateos
La espina de tus labios
Las olas del desierto.

El odio de una madre
El siete de los dados
El cielo de una cárcel
El premio del fracaso…

Algo imposible
Lo nuestro fue algo imposible
Cruzar el mar en ese barco
Que con papel hacen tus manos
Tan imposible
Lo nuestro fue siempre imposible
Contar al alba las estrellas
Parar el mundo y sus esferas
Sueño imposible.

Los ruidos del silencio
Los miedos del valiente
La vista de los ciegos
El luto de la nieve.

La risa de los tristes
Las prisas de la calma
Las alas de raíces
Las noches soleadas…

Algo imposible
Lo nuestro fue algo imposible
Cruzar el mar en ese barco
Que con papel hacen tus manos
Tan imposible
Lo nuestro fue siempre imposible
Contar al alba las estrellas
Parar el mundo y sus esferas
Sueño imposible.

A PESAR DE TUS MENTIRAS

Me desmontas como al más simple juguete
Para ver qué es lo que escondo por adentro
Y me cruzas los mil cables de la mente
Con los hilos de mis torpes sentimientos.

Me desmontas como al más simple juguete
Para irme desvelando mis secretos
Desactivas mis defensas con los dientes
Y me robas el mejor de mis recuerdos.

Y despierto sin saber porque te quiero
Hoy de nuevo a pesar de tus mentiras
Y te dejo al fin jugar con mis deseos
Como si fuera otra vez el primer día.

Me desmontas como al más simple juguete
Me pellizcas bien el alma sin remedio
Vas borrando tus engaños de mi frente
Vas dejando tus caricias en mi pecho.

Me desmontas como al más simple juguete
Y me grabas bien tu nombre en las entrañas
Y aún me dices al final que tengo suerte
Pues el mundo está sembrado de canallas.

Y despierto sin saber porque te quiero
Hoy de nuevo a pesar de tus mentiras
Y te dejo al fin jugar con mis deseos
Como si fuera otra vez el primer día.

AMOR GALÁCTICO

Se pasa la noche buscando
Planetas que nadie conoce
Peinando con calma el espacio
Nombrando los mil asteroides.

Colgada de un aro de estrellas
Que cuida igual que un rebaño
Se escapa y cuando regresa
Nos mira con ojos extraños.

Presiente que el cielo es su casa
Que nada ya le ata al asfalto
No le hables está en las galaxias
Entre los cometas buscando
Su amor galáctico
Su amor galáctico.

Camina mirando las nubes
Tropieza en la cola de algún astro
Si a Marte viaja este lunes
El viernes se pierde en Urano.

Pegada a su fiel telescopio
Recorre otra vez la vía láctea
Detrás de los sueños más locos
Del brazo de algún astronauta.

Presiente que el cielo es su casa
Que nada ya le ata al asfalto
No le hables está en las galaxias
Entre los cometas buscando
Su amor galáctico
Su amor galáctico.

No quiere ya amores reales
Si son al fin tan terrenales
Que todos resultan vulgares...

Presiente que el cielo es su casa
Que nada ya le ata al asfalto
No le hables está en las galaxias
Entre los cometas buscando
Su amor galáctico
Su amor galáctico.

PERSONAJES SECUNDARIOS

Personajes secundarios como nubes
Por tu vida van pasando y en el casting
Los desnudas, los meriendas, los escupes
Y a otra cosa mariposa así de fácil.

Personajes secundarios que manejas
Como torpes marionetas de un teatro
Que produces, que diriges, que interpretas
Sin poner en el empeño un solo lazo.

Y aquí está otra vez la oscura madrugada
Descubriéndote perdida entre las sombras
Empapando sin querer la triste almohada
De las lágrimas de estar vacía y sola.

Personajes secundarios que paseas
Por las dulces pasarelas de la moda
Los rescatas, los anuncias, los presentas
Les regalas como no su cuarto de hora.

Personajes secundarios que olvidaste
Y te encuentras sin querer alguna noche
Te saludan y te abrazan y el desastre
De no recordar al fin ya ni su nombre.

Y aquí está otra vez la oscura madrugada
Descubriéndote perdida entre las sombras
Empapando sin querer la triste almohada
De las lágrimas de estar vacía y sola.

TAN IMPOSIBLE MAREA

Me acomodo a tus mareas
Como si fuera la roca
Un día ganas de pelea
Otro besos en la boca
Y aunque no siempre te entiendo
Me sumerjo en tus humores
De tu rabia me alimento
En tu calma oigo canciones.

Me fui haciendo a tus mareas
Como arena de una playa
Si hoy me arrojas una queja
Caracolas hay mañana
Por qué subes por qué bajas
He renunciado a entenderte
Para sostener la casa
Quizás baste con quererte.

Marea
Imprevisible marea
Marea
Que me enloquece y me llena
Marea
Tan imposible marea
Marea
¿Qué planes tienes marea?

Me acomodo a tus mareas
Como si fuese ese barco
Que se hace a la tormenta
Y mañana al cielo claro
Ya reconozco entre todas
Las mil corrientes marinas
Las que tu ira provocan
O dibujan tu sonrisa.

Me fui haciendo a tus mareas
Como si fuera ese faro
Que me enciendo cuando llegas
Y si te marchas me apago
Al fin y al cabo me inunda
Esa humedad de tus olas
La fuerza que al fin me ayuda
Para seguir tras tu sombra.

Imprevisible marea
Marea
Que me enloquece y me llena
Marea
Tan imposible marea
Marea
¿Qué planes tienes marea?

Con música de Pancho Delgado se incluyó en el disco "Tan imposible marea" de Nito Pinilla y con música de Juan Cerro se incluyó en el disco "En el nombre del padre" de Manu Pilas.

CUANDO BAILAS

Si camina meneando el esqueleto
Con el arte de los dioses inspirados
En la oreja el discurso de un rapero
Con palabras recogidas de algún charco.

Camiseta y pantalones ocultando
Sus aristas de mujer que al fin madura
La visera del revés como este barrio
Que margina la belleza simple y pura.

Baila reina que al mundo fascinan
Tus giros de peonza bien lanzada
Por tus huesos se mueren las esquinas
Por tus besos los disc jockeys se disparan.
Baila reina que se abren las ventanas
Admirando la magia de tus giros
Las nubes se evaporan cuando bailas
Las farolas se arrodillan con tu brillo.

Si los reyes del graffiti la coronan
Como musa de las tardes más rabiosas
Si los golpes del asfalto la perdonan
Y el hip hop la lleva al fin de boca en boca.

No le hablen por favor de ese futuro
De un oficio sin esguinces contra el tedio
No le digan que vendrá un túnel oscuro
No le roben ni un pellizco de sus sueños.

Baila reina que al mundo fascinan
Tus giros de peonza bien lanzada
Por tus huesos se mueren las esquinas
Por tus besos los disc jockeys se disparan.
Baila reina que se abren las ventanas
Admirando la magia de tus giros
Las nubes se evaporan cuando bailas
Las farolas se arrodillan con tu brillo.

CUANDO ELLA DICE SÍ

Cuando ella dice sí
Se entregan los soldados
Se paran las agujas del reloj
Se despereza el sol.

Cuando ella dice sí
Se aleja el invierno
Se atreven las sirenas a cantar
Los trenes a esperar.

Cuando ella dice sí
No asusta la tormenta
Las calles recuperan la razón
El mundo el porvenir.

Y ya no lloverá más soledad
En sus ojos está
La vida al despertar.

Las bocas se encienden
Las estrellas prenden
Trepando al cielo de Babel
Ella me da
Abrigo y pan
Hay lunas que alumbran
Las noches oscuras
Que pierdo el miedo y la fe.

Cuando ella dice sí
Callan los terremotos
Se duermen los dragones a mis pies
No importa envejecer.

Con música de Sergio Dalma y Fernando Villar se incluyo en el álbum "Nueva vida" de Sergio Dalma.

LUNARIO

Quedan lunas para amarte al borde del acantilado
Quedan lunas para beber la lluvia de estos cristales
Quedan lunas para sentirnos libres midiendo el asfalto
Y lunas de noches nacidas para añorarte.

Quedan lunas para soñar locuras casi sublimes
Quedan lunas para arrepentirme de haber dado tanto
Quedan lunas con puertas abiertas de cines y bares
Y lunas con labios sellados de rabia y de llanto.

De lunas se hace la historia
La historia sencilla que andamos
De luces brillantes, de sombras
De besos ardientes, de clavos
De lunas se hacen los recuerdos
Se trenza la vida y la muerte
Tristeza, locuras, deseos
Desiertos, estrellas, simientes.

Quedan lunas espiando el derrame de nuestros excesos
Quedan lunas cubiertas de miel bajo distintos cielos
Y lunas hechas de hielo apagando esta lumbre.

De lunas se hace la historia
La historia sencilla que andamos
De luces brillantes, de sombras
De besos ardientes, de clavos
De lunas se hacen los recuerdos
Se trenza la vida y la muerte
Tristeza, locuras, deseos
Desiertos, estrellas, simientes.

Quedan lunas llenas de abril y promesas ciertas
Quedan lunas crecientes que tiemblan con luces nuevas
Y lunas menguantes de otoño que se oscurecieron.

Con música de Teo Cardalda se incluyó en el álbum "Cousas de meigas" de Cómplices.

TU PRESENCIA

Tu presencia es amuleto de los dioses
Es la suerte que me anuncia el nigromante
La oleada que derrota a los adioses
El delirio que alborota a los amantes.

Tu presencia es el orgullo de mis ojos
Y es la fiesta que precede a los abrazos
Es el sueño de unas monedas en el pozo
La asesina de mis celos mal curados.

Es por eso que me cuelgo
de ti como un salvavidas
Tu presencia mata miedos
Tu presencia me da vida
Es por eso que me muero
Sin ti que ya no respiro
Tu presencia es ese cielo
Tu presencia me da abrigo
Tu presencia
Tu presencia.

Tu presencia es la medalla a la que aspiro
La ventana abierta al sol del mediodía
Licor dulce que me embriaga los sentidos
Lluvia fresca que acabó con la sequía.

Tu presencia es un disparo a la nostalgia
La respuesta a una pregunta traicionera
Es la luna que me brilla en la mirada
Es la huida sin motor a las estrellas.

Es por eso que me cuelgo
de ti como un salvavidas
Tu presencia mata miedos
Tu presencia me da vida
Es por eso que me muero
Sin ti que ya no respiro
Tu presencia es ese cielo
Tu presencia me da abrigo
Tu presencia
Tu presencia.

Con música de Juan Mari Montes se incluyó en el álbum benéfico "Salvavidas" interpretado por David DeMaría.

BÉSAME CON CALMA

Bésame con calma y empezamos
El juego más hermoso conocido
Con el vuelo fugaz de nuestros labios
Buscando los rincones más prohibidos.

Bésame con calma y nos marchamos
Hasta donde nos lleven los sentidos
Repasaré tus rutas muy despacio
Despertarás mis mapas más dormidos.

Y subiremos juntos hasta el cielo
Olvidando problemas tan absurdos
Bésame con calma que el deseo
Es lo que hace rodar al fin el mundo.

Bésame con calma que tu boca
Será la fuente de cualquier milagro
Lo que hace florecer al fin la rosa
Lo que convierte en dulce el vino amargo.

Bésame con calma que mañana
Ya le pondremos nombre a lo sentido
Veremos si me quieres o me amas
Veremos si queremos repetirlo.

Y subiremos juntos hasta el cielo
Olvidando problemas tan absurdos
Bésame con calma que el deseo
Es lo que hace rodar al fin el mundo.

DEMASIADAS ESCALERAS

Demasiadas escaleras para verte
Que subir o que bajar sin ascensor
Mil peldaños para el cielo o el infierno
A esa torre donde te acaricia el sol.

Demasiadas escaleras para oírte
Sin ventanas que me ofrezcan claridad
He subido y he bajado tantas veces
Que ya no me quedan fuerzas para más.

Fueron tantas madrugadas pernoctando
Por los fríos descansillos de tu amor
Que me duelen ya los huesos de soñarte
Y hoy regreso derrotado a mi rincón
A mi rincón…

Demasiadas escaleras para hallarte
Desde el sótano que habito hasta tu piel
Que lo intento pero no siempre me alcanza
Lo que sueñan los tendones de mis pies.

Ya son tantas escaleras para hablarte
Que no recuerdo lo que te quería decir
Precipicio de escalones repetidos
Que me rinden y me alejan ya de ti.

Fueron tantas madrugadas pernoctando
Por los fríos descansillos de tu amor
Que me duelen ya los huesos de soñarte
Y hoy regreso derrotado a mi rincón
A mi rincón...

Con música de Nando González se incluyó en el álbum "Si me nombras" de Nando González.

LA IMPORTANCIA DE TU SONRISA

La importancia de tu sonrisa
No la recoge ningún informe
No la remarcan los analistas
No la detectan aún los doctores.

La importancia de tu sonrisa
No la detallan los boletines
No la reseñan los periodistas
No la investigan los detectives.

Pero sin ella vivo perdido
El mundo vuelve a ser miserable
La vida no tiene ya sentido
Si no sonríes vaya un desastre.

La importancia de tu sonrisa
No la repasan los estudiantes
No la aconsejan los catequistas
No la aventuran los nigromantes.

La importancia de tu sonrisa
No la regulan los reglamentos
No la pregonan los publicistas
No la aprovechan los ingenieros.

Pero sin ella vivo perdido
El mundo vuelve a ser miserable
La vida no tiene ya sentido
Si no sonríes vaya un desastre.

VENTANAS

Me gustaba mirarte a través
De la breve persiana y volar
Completando los trozos de piel
Que tan sólo acerté a imaginar.

Me gustaba mirarte sin más
Intocable y hermosa mujer
Como el rastro de un sueño fugaz
Que dejaba sus medias caer.

Como a ti te gustaba jugar
A enredarme en la tentación
Intuyendo mis ojos detrás
De ventanas sedientas de amor
Como a ti te gustaba ofrecer
Tu belleza al espectador
Que miraba tu ropa caer
Derramada por la habitación.

Me gustaba mirarte a través
De un delirio de imaginación
Desde el barrio entrañable de ayer
Que aún escondo en el corazón.

Me gustaba mirarte y no sé
Donde fuiste un invierno sin sol
Que con tanta ansiedad te busqué
Y no estabas allí sin razón.

Como a ti te gustaba jugar
A enredarme en la tentación
Intuyendo mis ojos detrás
De ventanas sedientas de amor
Como a ti te gustaba ofrecer
Tu belleza al espectador
Que miraba tu ropa caer
Derramada por la habitación.

VIENEN A MORIR LAS MARIPOSAS

Vienen a morir las mariposas
Contra los cristales empañados
Abrimos las ventanas y sus alas
Derraman su ceniza en nuestras manos.

Vienen a morir las mariposas
Recibiendo ya las nubes de tormenta
Las mismas que inundan nuestra casa
De tanta sombra oscura con tristeza.

Igual que nuestro amor las mariposas
Son transparente lluvia entre los dedos
La trampa de un otoño sin abrazos
El frío que no curarán los besos.

Vienen a morir las mariposas
Al fondo de todos los ceniceros
Que fuimos colocando por inercia
En las habitaciones sin deseo.

Vienen a morir las mariposas
Al mar de nuestras lágrimas más torpes
Y ya no hay salvavidas que entregarle
Ni una isla desierta que nos sobre.

Igual que nuestro amor las mariposas
Son transparente lluvia entre los dedos
La trampa de un otoño sin abrazos
El frío que ya no curarán los besos.

> *Con música de Daniele Guastella se incluyó con el título de "Mariposas" en el álbum "Intanto Cammnino" de Daniele Guastella.*

HIDRÁTAME DE TI

Hidrátame de ti que necesito
Sentir como circulas por mis venas
Sé manantial mojando mis tobillos
El surtidor que inunda mis estrellas.

Hidrátame de ti por cada poro
Invádeme igual que una tormenta
Empápame de sal y sueños locos
Ahógame en el mar de tus caderas.

Sé el agua que me da
De nuevo de beber
Amor al despertar
Amor que retener
Sé fuente de verdad
Que apaga cualquier sed
Sin miedo al arenal
De perderte otra vez.

Hidrátame de ti que necesito
Volver a renacer con tu saliva
Invítame a nadar en tu espejismo
Sumérgeme en la luz de tus pupilas

Hidrátame de ti con gotas frescas
Desciende por mi piel como llovizna
Sé arroyo en mi interior que nunca seca
El río mineral de cada día.

Sé el agua que me da
De nuevo de beber
Amor al despertar
Amor que retener
Sé fuente de verdad
Que apaga cualquier sed
Sin miedo al arenal
De perderte otra vez.

COMO TÚ SABES

Baila para mí como tú sabes
Mientras te devoran los espejos
Siembra primaveras en mi sangre
Deja que te sueñen mis diez dedos.

Baila para mí como acordamos
Mientras te deshaces de la ropa
Mójate la lengua con los labios
Cúrate la sed aquí en mi boca.

Hay tantos motivos ahí afuera
Por los que merece hoy quedarnos
Que si brilla el sol de tus caderas
Qué podrá en el fondo reclamarnos.

Baila para mí mientras esperan
Las llamadas que yo no te hago
Dile que no hay prisa a tus urgencias
Dile que no hay ganas al despacho.

Baila para mí y que tu pelo
Sea la catarata insobornable
En la que me hundo sin remedio
En la que te pierdes tan salvaje.

Hay tantos motivos ahí afuera
Por los que merece hoy quedarnos
Que si brilla el sol de tus caderas
Qué podrá en el fondo reclamarnos.

COMO AL PÓKER

Amaba haciendo trampas como al póker
Y yo miraba siempre hacia otra parte
Por no ver que asomaba por su escote
El as con que iniciaba sus descartes.

Besaba con los ojos bien abiertos
Para verme las cartas por debajo
Pero cómo negarse al fin al juego
Si no hay premio más dulce que su abrazo.

Así que me he entregado a sus faroles
Sabiendo que se irá cualquier mañana
Sembrando de nostalgia mis rincones
De ausencia las orillas de esta cama.

Amaba haciendo trampas como al póker
Barajando sus naipes con descaro
Sabía que mis dedos eran torpes
Pero se humedecía bien los labios.

Mil veces me advirtieron de sus tretas
Pero puse en la mesa todo el resto
Que hay veces que perder vale la pena
Triunfos que no pesan lo que un beso.

Así que me he entregado a sus faroles
Sabiendo que se irá cualquier mañana
Sembrando de nostalgia mis rincones
De ausencia las orillas de esta cama.

LA FELICIDAD

El aroma del jazmín a media tarde
La llamada inesperada de un amigo
La belleza insobornable de un paisaje
La mirada amable de un desconocido.

Una suave melodía de Jobim
El recuerdo de un viaje a Valparaíso
Un poema de Machado, una caricia
Cuatro amigos y una copa de buen vino.

La felicidad son momentos de descuido
Tres segundos conquistados al olvido
La felicidad son momentos de descuido
Ese instante que saluda y ya se ha ido.

El olor de las manzanas en sus ramas
Un discreto coqueteo, una sonrisa
Diez mil noches hospedada en tu cama
Y un segundo de descanso entre la brisa.

Esa luna derramada en la terraza
Esa suerte de subirme al escenario
Un paseo por la yerba en la mañana
Y el abrigo inesperado de un abrazo.

La felicidad son momentos de descuido
Tres segundos conquistados al olvido
La felicidad son momentos de descuido
Ese instante que saluda y ya se ha ido.

*Con música de Susana Raya se incluyó en el disco "La felicidad"
cantada por Sole Giménez y Ana Belén.*

A LO MEJOR

Y a lo mejor la espina
Es la supervivencia de la rosa
Y a lo mejor la herida
Sangra para advertirme del dolor.

Y vivir consiste en aprender
Que a lo mejor la estrella muere
Para que hoy nazca un nuevo día
Y a lo mejor el tiempo pasa
Para ayudarme a comprender.

Y tal vez la luz de la mañana
Me dirá que si ahora te marchas
Será para que vuelva a tus manos
El milagro que un día se nos fue
Será para qué vuelva a mis ojos
El amor que se fue.

Y a lo mejor la seda
Se rompe para ser la mariposa
Y a lo mejor la duda
Existe para que yo pueda acertar.

Y tal vez la luz de la mañana
Me dirá que si ahora te marchas
Será para que vuelva a tus manos
El milagro que un día se nos fue
Será para qué vuelva a mis ojos
El amor que se fue.

Con música de Teo Cardalda se incluyó en el álbum "Ely Guerra" de Ely Guerra.

CREO EN TI

Yo no creo en Superman, ni en los golpes de la suerte
Ni en comités de expertos, ni en discursos visionarios
Ni en derechas, ni en izquierdas, ni en un centro oportunista
Ni en tendencias de vanguardia, ni en vestigios del pasado.

Yo no creo en los santos, ni en espíritus malignos
Ni en la cresta de las olas, ni en los brillos del tesoro
Ni en las dietas milagrosas, ni en sentencias objetivas
Ni en doctrinas relevantes, ni en jarabes prodigiosos.

Pero creo en ti y creo en tus ojos
Claros y sinceros como lagos de cristal
Creo en la música, creo en la magia
Y creo en tu sonrisa dando luz al despertar.

Yo no creo en verdades infalibles ni en mentiras muy piadosas
Ni en las cumbres de eruditos ni en remedios más caseros
Ni en astutos estadistas ni en las mil primas de riesgo
Ni en finales muy felices ni en principios guerrilleros.

Yo no creo en hechiceros, ni en los cuentos moralistas
Ni en los premios prestigiosos ni tampoco en los castigos
Ni en los mapas del pirata ni en los planes del gobierno
Yo no creo lo confieso muchas veces ni en mi mismo.

Pero creo en ti y creo en tus ojos
Claros y sinceros como lagos de cristal
Creo en la música, creo en la magia
Y creo en tu sonrisa dando luz al despertar.

LA HERIDA

Mejor que lo nuestro no empiece nunca
Para que no acabe de cualquier manera
Lo escondo en los labios con palabras mudas
Lo sueño despacio en noches eternas.

Mejor que lo nuestro no empiece nunca
Para que no estalle jamás en pedazos
Lo guardo debajo de un mar de dudas
Lo niego a la sombra de tanto fracaso
de tanto fracaso.

Será aquella herida abierta en el alma
La melancolía de nuestra mirada,
La historia pendiente, los besos perdidos
La culpa que duele por lo no vivido.

Mejor que lo nuestro no empiece nunca
Para que no acabe como todo acaba
Lo vivo en silencio en horas oscuras
Escribo tu nombre perdido en el agua.

Mejor que lo nuestro no empiece nunca
Para que no acabe hallando despojos
Recojo mis cosas sin hacer preguntas
Me llamas un día y yo no respondo
Y yo no respondo.
Será aquella herida abierta en el alma
La melancolía de nuestra mirada,
La historia pendiente, los besos perdidos
La culpa que duele por lo no vivido.

*Con música de Antonio Ferrara se incluyó en el disco "3, 2, 1"
de Roko.*

NO ME PIDAS

Lo que hicimos fue una lumbre en la tormenta
Defendernos de la prisa y los relojes
Lo que hicimos fue un viaje a las estrellas
Extraviarnos como niños por el bosque.

Lo que hicimos fue alzar una barricada
Contra un ataque absurdo de tristeza
Ir perdiendo todo el miedo a la mañana
Ir ganándole terreno a la pereza.

Y no me pidas que me arrepienta
Quiero guardarlo para siempre
Rememorar cada segundo, buscar abrigo
Y hallar el cielo de tu vientre.

Lo que hicimos fue inventarnos una excusa
Para poder escaparnos de este mundo
Lo que hicimos dar respuesta a esa pregunta
De dos cuerpos añorándose desnudos.

Lo que hicimos repetir la misma historia
De otras pieles que se amaron sin complejos
Precipitarnos a un abismo sin memoria
Romper cadenas y romper miedos.

Y no me pidas que me arrepienta
Quiero guardarlo para siempre
Rememorar cada segundo, buscar abrigo
Y hallar el cielo de tu vientre.

Con música de Teo Cardalda se incluyó en el disco "Cousas de meigas" de Cómplices.

ROCK AND ROLL ACTITUD

Lo esconden de las luces y los focos
Lo mezclan con reclamos comerciales
Lo repudian como a un virus contagioso
Pero vuelve a perderse por los bares.

Lo manchan con rumores infundados
Lo olvidan como viejo en un asilo
Lo chupan sanguijuelas con descaro
Y vuelve a levantarse haciendo ruido.

Pero no olvides, no traiciones
Lo que siempre te ha hecho vivir
No olvides, no traiciones
Lo que llevas muy dentro de tí.

Porque no muere jamás
Tu rock and roll actitud
Tu rock and roll actitud
Tu rock and roll actitud.

Lo besan Judas y mercaderes
Lo visten con diseños de vanguardia
Lo entierran con discursos muy solemnes
Desde el ataúd alguien nos canta.

Pero no olvides, no traiciones
Lo que siempre te ha hecho vivir
No olvides, no traiciones
Lo que llevas muy dentro de ti.

Porque no muere jamás
Tu rock and roll actitud
Tu rock and roll actitud
Tu rock and roll actitud.

Como bulto sospechoso lo miran
En armarios con polilla lo guardan
De todos los platos rotos le acusan.

Pero no muere jamás.

Tu rock and roll actitud
Tu rock and roll actitud
Tu rock and roll actitud.

Con música de Gabriel Sopeña e Igor Paskual se incluyó en el disco "Arte y ensayo" de Loquillo.

GIRA EL CARRUSEL

Gira el carrusel aquí en la feria
De rumba suburbial y osos peluche
Laura es un temblor de labios tristes
Nadie le invitó a un trago dulce.

Gira el carrusel ciego de rodar
Con risas distintas tan iguales
Laura lo heredó desde antes de nacer
Y aquí se quedó como sus padres.

La vida es esta ruleta
Que no conoce horizontes
Ir de la ceca a la meca
Sin reparar en amores
Morenita de ojos tristes
Toma conmigo las riendas
Sí, mañana muy temprano
Yo te devuelvo a tu puerta.

Gira el carrusel y las parejas
Muerden algodón nubes de azúcar
Laura es un gorrión de alas cortadas
Torpe mariposa tras la lluvia.

Gira el carrusel y una moneda más
Como un balín golpea fondo de lata
Laura me enseñó piel por estrenar
Y me apagó la luz de sus pestañas.

La vida es esta ruleta
Que no conoce horizontes
Ir de la ceca a la meca
Sin reparar en amores
Morenita de ojos tristes
Toma conmigo las riendas
Sí, mañana muy temprano
Yo te devuelvo a tu puerta.

Con música de Juan Mari Montes se incluyó en el recopilatorio benéfico "Salvavidas", cantado por Pablo Perea.

TODO EL MUNDO TIENE

Todo el mundo tiene
Secretos que ocultar
Su talón de Aquiles
Su miedo y su mamá.

Todo el mundo tiene
Razón para opinar
Su verdad su suerte
Y su oportunidad.

Tanto tú como yo
Ya lo sé
Tanto yo como tú
Y es genial.

Todo el mundo tiene
Su dios particular
Su lugar, su gente
Su modo de bailar.

Todo el mundo tiene
Un sueño que atrapar
Corazón y dientes
y huella dactilar.

Tanto tú como yo
Ya lo sé
Tanto yo como tú
Y es normal.

Todo el mundo tiene
Un beso que dar
Su pequeña crisis
Su parte animal.

Todo el mundo tiene
Recuerdos que contar
Su nación, sus vicios
Y muchas cosas más.

Tanto tú como yo
Ya lo sé
Tanto yo como tú
Y es normal.

Y sin embargo me envidian ya ves
Porque yo tengo tu amor
Y sin embargo te envidian lo sé
Porque tú tienes mi corazón.

Con música de Tony Carmona se incluyó en el disco de "Insensatez" de Insensatez.

MIL PÁJAROS

Golondrinas de Bécquer, Palomas de Picasso
Cuervos de Alfred Hitchcock, gorriones de Serrat
Loritos de Stevenson, alondras de Walt Disney
Cisnes aristocráticos, tordos de arrabal.

Buhos de la suerte, urracas con mal fario
Gaviotas de Algeciras, vencejos de Teruel
Pinzones de Canarias, canarios de Alicante
Murciélagos colgados de nuevo del revés.

Yo sé que tengo la cabeza llena de mil pájaros
Pero qué daño te hacen si sólo yo los puedo oír
Ya sé que soñando no llegaré muy lejos
Pero a veces estos sueños me ayudan a vivir.

Silenciosas lechuzas, ruidosas carracas
Halcones peregrinos, sedentaria garza real
Hermosos jilgueros y algún patito feo
Retrasados mochuelos y un cuco puntual.

Buitres carroñeros, tiernos tortolitos
Colibríes tropicales, cigüeñas de París
Águilas imperiales, vulgares carpinteros
Perdices merendadas por gente muy feliz.

Yo sé que tengo la cabeza llena de mil pájaros
Pero qué daño te hacen si sólo yo los puedo oír
Ya sé que soñando no llegaré muy lejos
Pero a veces estos sueños me ayudan a vivir.

Con música de José María Casas se incluyó en el disco "Mil pájaros" de Juan Mari Montes y José María Casas.

MIL VECES

No quiero sueños sino metas que alcanzar
No quiero leyes sino gente más legal
No quiero peces sino red
No quiero el cielo sino piel para pecar.

No quiero mucho sino poco y de verdad
No quiero mapas sino rutas por trazar
No tengo prisa por llegar
No quiero puerto sino un mar para escapar.

Prefiero mil veces volverme a equivocar
Que quedarme aquí sentado a esperar
Tomarme la vida como un tren provisional
Que no sabe nadie hacia dónde va.

No quiero alas sino pies para escapar
No quiero patrias sino un sol al despertar
No quiero gritos sino voz
Una guitarra y un rock and roll para cantar.

Prefiero mil veces volverme a equivocar
Que quedarme aquí sentado a esperar
Tomarme la vida como un tren provisional
Que no sabe nadie hacia dónde va.

No quiero fruta sino hambre que saciar
No quiero guías sino selvas que explorar
No quiero nudos sino huir
Con la certeza de vivir en libertad.

Prefiero mil veces volverme a equivocar
Que quedarme aquí sentado a esperar
Tomarme la vida como un tren provisional
Que no sabe nadie hacia dónde va.

*Con música de Pablo Perea se incluyó en el disco de La Trampa,
"Las botas gastadas".*

ME DESORIENTO SIN TI

Me desoriento sin ti
Por los pasillos vacíos
Y voy de aquí para allá
Como por un laberinto.

Me desoriento sin ti
Pierdo los cinco sentidos
Como ese perro sin pan
Muerto de sed y de frío.

Me desoriento sin ti
Aunque me cueste aceptarlo
Al fin tendré que admitir
Que eres mi mal necesario.

Me desoriento ya ves
Yo que pensaba que estaba
Tan despegado de ti
Como el aceite del agua
Me desoriento y no sé
Cual es muy bien mi jugada
Si me ha hechizado tu piel
O es tu pequeña venganza.

Me desoriento sin ti
Por esas calles eternas
Acabo siempre al revés
De donde iban mis piernas.

Me desoriento sin ti
Como cruzando un desierto
Voy hacia el norte y al sur
Cuando despierto me encuentro.

Me desoriento sin ti
Aunque me cueste aceptarlo
Al fin tendré que admitir
Que eres mi mal necesario.

Me desoriento ya ves
Yo que pensaba que estaba
Tan despegado de ti
Como el aceite del agua
Me desoriento y no sé
Cual es muy bien mi jugada
Si me hechizado tu piel
O es tu pequeña venganza.

Con música de Tony Carmona se incluyó en el disco "40 años son pocos" Bertín Osborne.

EL CIELO INDIFERENTE

Es lo que grita el niño que pudo ser
Y no llegó el pan
Es lo que posa en el fondo del café
Del marginal
Es la carta que echo a volar
Y que abatió el furtivo cazador
Y el cielo indiferente.

Es lo que empañan las pupilas del dolor
En el hospital
Es lo que lleva el hombre en el corazón
Al emigrar
Es el murmullo de la soledad
Que anida en las cornisas
De esta ciudad.

Dios existe pero se durmió
Empapado en barro original
Siete días para la creación
Veinte siglos para descansar
Avanzamos sin vigía hacia un triste final
Dios existe pero duerme
No hay voz que le despierte.

Es el mensaje que flota en el mar
Dentro del hermético cristal
Y el cielo indiferente.

Dios existe pero se durmió
Empapado en barro original
Siete días para la creación
Veinte siglos para descansar
Dos existe pero se durmió
Empapado en barro original
Los planetas botan a sus pies
Pelotas presas de la gravedad
En sus párpados se esconde
Cualquier oración
Dios existe pero duerme.

Es lo que grita el niño que pudo ser.

> *Con música de Teo Cardalda se incluyó en el disco "Preguntas y flores" de Cómplices.*

AMANTES DE BELGRADO

Sobre el banco de un parque de Belgrado
Se muerden en la boca dos amantes
Los aviones enemigos sobrevuelan
Por encima de sus sueños más radiantes.

Sobre el banco de un parque de Belgrado
Se entretienen con el juego más ardiente
Caen las bombas destruyendo su futuro
No se enteran, están sordos, tan ausentes.

Muy distintas a las llamas que se elevan
Otro fuego ilumina aún sus ojos
Mientras vuelan asustadas las palomas
Y las ciudades se convierten en escombros.

Sobre el banco de un parque de Belgrado
Se detienen los planes del estratega
Algunos carros de combate aún avanzan
Viene oscura, viene ruin la primavera.

Sobre el banco de un parque de Belgrado
Cuatro labios se entretienen con preguntas
Caen las bombas destruyendo su futuro
No se enteran, están sordos, tan ausentes.

Muy distintas a las llamas que se elevan
Otro fuego ilumina aún sus ojos
Mientras vuelan asustadas las palomas
Y las ciudades se convierten en escombros.

Con música de Teo Cardalda se incluyó en el disco "A veces" de Cómplices.

PRESAGIOS

Presiento que te irás alguna tarde
Buscando lo que no halles en mis brazos
Los sueños que al fin yo no pueda darte
Hurgando entre los restos del naufragio.

Presiento que te irás así es la vida
No hay llama que ilumine eternamente
Igual que hubo un encuentro hay despedida
Sembrando de tristeza los andenes.

Pero mientras tanto
Entrégate como si fuera cierto
Que este amor que llega es para siempre
Si acaso con el tiempo irá creciendo.

Presiento que te irás alguna noche
Incluso sin moverte de mi lado
Somos coleccionistas de reproches
Intercambiando gestos tan usados.

Presiento que te irás y no te culpo
Prefiero que te marches recordando
Que hicimos tantos planes que ninguno
Pensamos que este amor se iba gastando.

Pero mientras tanto
Entrégate como si fuera cierto
Que este amor que llega es para siempre
Si acaso con el tiempo irá creciendo.

> *Con música de Sicus Carbonell, se incluyó con el título de
> "Presiento" en el disco "El duende, la luz y la noche" de
> Rumbacalí.*

EL PINTOR DE ARCO IRIS

Sí, pinto arco iris entre tú y yo
Sí, gotas de lluvia y rayos de sol...

De tus ojos verdes tomo algún destello
Y mezclo el rojo de tus labios en mi cuerpo
Color pasión
Tiño la oscura obsesión de mis días grises
Con la calma azul de otros más felices
Bebiendo tu amor.

Sí, pinto arco iris que es mi forma de matar
El tiempo que el mundo te retiene en su afán
De pieza fugaz
Y te espero en soledad.

Sí, pinto arco iris entre tú y yo
Sí, gotas de lluvia y rayos de sol...

Tengo también el color sepia de mis sueños
Y el negro desbordado de tu pelo
Sobre el edredón
Un futuro incierto vestido de rosa
Mientras siga revolviendo entre mis cosas
Tu indiscreción.

Sí, pinto arco iris que es mi forma de matar
El tiempo que yo
No te puedo retener
No te puedo retener.

Pinto arco iris entre tú y yo
Gotas y rayos de sol.

*Con música de Teo Cardalda se incluyó en el álbum "Preguntas
y flores" de Cómplices.*

ESTA VIDA ES UN REGALO

Tu sonrisa decora la tarde
Con canciones hermosas que vuelan
Mariposas que llenan el aire
De esperanza y dulce yerbabuena.

Tu sonrisa decora la tarde
Con pinceles de luz y colores
Va sembrando por todas las calles
Locos sueños de mis emociones.

Se evaporan las malas noticias
Que llenaron todos los diarios
En el vuelo fugaz de tu risa
Vuelve a ser esta vida un regalo.

Y se curan las viejas heridas
Y no duele que pasen los años
Si me alumbra la luz de tu risa
Vuelve a ser esta vida un regalo.

Tu sonrisa decora la tarde
Con orillas de playas lejanas
Primaveras llenando el paisaje
Sol radiante en todas las ventanas.

Tu sonrisa decora la tarde
Con puñados de nuevas pasiones
Con recuerdos de infancia y viajes
Con estrellas que incendian la noche.

Se evaporan las malas noticias
Que llenaron todos los diarios
En el vuelo fugaz de tu risa
Vuelve a ser esta vida un regalo.

Y regresan de pronto a la orilla
Las botellas con buenos presagios
Si me abrigo sin más con tu risa
Vuelve a ser esta vida un regalo.

*Con música de Álvaro Peire se incluyó en el álbum "Vida" de
Ana Belén.*

BALCONES A LA INFANCIA

Llegó el otoño y la ciudad
Fundió sus plomos de neón
Vuelan gaviotas hacia el sur
Pero también emigro yo
Piso los charcos dejé la escuela
Y soy el dueño de un balón

Abajo calles por correr
Arriba el sol por merendar
La infancia es eso y tropezar
Para caer siempre de pie
Mi ropa limpia ondea en el balcón
Y aún no sé muy bien

¿Por qué nadie nos dijo
Que el paraíso
Era aquel parque infantil
Del ayer?
Crecimos con presteza
Sin darnos cuenta
Que no se vuelve a vivir
El ayer.

Uno se empreña en sobornar
Fotos y aromas con pasión
El tiempo es viejo y no querrá
Hacer conmigo una excepción
En el columpio vuela otro niño
Que me está haciendo mayor.

¿Por qué nadie nos dijo
Que el paraíso
Era aquel parque infantil
Del ayer?
Crecimos con presteza
Sin darnos cuenta
Que no se vuelve a vivir
El ayer.

Sensatos y adultos
Disparando a Peter Pan
Sin alas y enfermos de edad
Crecimos con prisa
Y la consigna
Era "niño un día serás mayor".

Llegó el otoño y la ciudad
Derrama estrellas sobre mí
La noche crece en el balcón
Y aún quedan sueños por cumplir
Doy cuerda a mi reloj
Que es la manera de volver
Cierro el álbum a la luz
De tres colillas y un café.

Con música de Teo Cardalda se incluyo en el álbum "Preguntas y flores" de Cómplices.

OJOS GITANOS

Yo no he visto nunca amanecer
En Venecia desde el Canal
Yo no he visto nunca atardecer
Desde las playas de San Juan
Pero he visto tus ojos
Y ahí quiero viajar.

Yo no he visto nunca un glacial
Reflejado en aguas de coral
Yo no he visto nunca las estrellas
Desde los áticos de Taiwan
Pero he visto tus ojos
Y ahí quiero viajar.

Ojos gitanos
Yo quiero ser la luz del mar
La dulce miel de tu mirar
Recorrer tu piel de azahar
Y andar por tu iris gitano y celestial.

Yo no he visto nunca el arco iris
Coloreando el cielo ecuatorial
Yo no he visto el fuego ardiente
Que nace en las montañas de Yucatán
Pero he visto tus ojos
Y ahí quiero viajar.

Ojos gitanos
Yo quiero ser la luz del mar
La dulce miel de tu mirar
Recorrer tu piel de azahar
Y andar por tu iris gitano y celestial.

*Con música de Teo Cardalda y María Monsonís se incluyó en
el álbum "Está llorando el sol" de Cómplices.*

CUENTO CON TU RISA

Yo cuento con tu risa para alzarme
Como un cometa tras la luna nueva
No me asusta el otoño si tu vienes
Con tus labios llenos de primavera.

Yo cuento con tu risa para el día
Que la tristeza venga aquí a hospedarse
Entre mis ojos ciegos de nostalgia
Entre mis manos torpes de añorarte.

Yo cuento con tu risa y dependo
De esa limosna dulce de tu boca
Que suerte tener arma tan activa
Contra este mundo absurdo que me acosa.

Yo cuento con tu risa y sé que a cambio
No tendría moneda que pagarte
Todo lo que yo llevo en los bolsillos
Todo lo que tu risa vino a darme.

Pero cuento con tu risa no lo olvides
Desde la noche oscura hasta el alba
Yo cuento con tu risa que es lo mismo
Que no tenerle miedo
Que no tenerle miedo
Que no tenerle miedo
A casi nada.

Yo cuento con tu risa esa es la suerte
Que llevaré conmigo a donde vaya
Colgado de tus nubes de alegría
Afrontaré la luz de la mañana.

Yo cuento con tu risa para el día
Que la tristeza venga aquí a hospedarse
Entre mis ojos ciegos de nostalgia
Entre mis manos torpes de añorarte.

Pero cuento con tu risa no lo olvides
Desde la noche oscura hasta el alba
Yo cuento con tu risa que es lo mismo
Que no tenerle miedo
Que no tenerle miedo
Que no tenerle miedo
A casi nada.

*Con música de Teo Cardalda se incluyó en el álbum "Básico"
de Cómplices.*

CAMINAR SOBRE EL ALAMBRE

Te gusta caminar sobre el alambre
Lo siento las alturas me marean
Prefiero ir andando a ras de calle
Que demasiado borde ya es la acera.

Te gusta caminar sobre el alambre
Pero no crecen alas en tus brazos
Espero que no sepas ya muy tarde
Que tampoco había redes por debajo.

Te crees muy valiente pobre equilibrista
Que confundió al suicida y al artista
No eres más que nadie colgado en tu cornisa
Si acaso serás polvo más deprisa.

Te gusta caminar sobre el alambre
Sentirte varios metros por encima
Y al fin y al cabo sólo bebes aire
Bailando en lo más alto de la cima.

Te gusta caminar sobre el alambre
Mientras el sol me ciega las pupilas
No tengo más consejo para darte
Pero nunca me esperes ahí arriba.

Te crees muy valiente pobre equilibrista
Que confundió al suicida y al artista
No eres más que nadie colgado en tu cornisa
Si acaso serás polvo más deprisa.

Con música de Daniel Merino se incluyó en el álbum "Otra vida" de Daniel Merino.

MANTIS RELIGIOSA

Me amaste unos segundos y te fuiste
Dejándome en la boca tu veneno
Prendido de tus ojos siempre tristes
Marcado con el fuego más intenso.

Y anduve persiguiendo tu silueta
Por las noches oscuras sin remedio
Manchando de tristeza las aceras
Muriendo de nostalgia y de deseo.

Y nadie repetía al fin tu nombre
Tan sólo repetían este apodo
La mantis religiosa que se esconde
Con otro corazón entre despojos.

Me amaste unos segundos y volaste
Dejándome esta herida que desangra
El alma que guardaba para darte
Los sueños más fervientes de mi almohada.

Temblando por las calles aún persigo
La estela de tus besos más salvajes
Hay cielos que merecen el abismo
Caricias que no asumen el desastre.

Y nadie repetía al fin tu nombre
Tan sólo repetían este apodo
La mantis religiosa que se esconde
Con otro corazón entre despojos.

LA SIRENA Y EL PESCADOR

La luz del faro iluminó su adiós
Y en la neblina del amanecer se perdió
Los meses pasan llenos de ansiedad
Pero lo cierto es que en el barco aquel no volvió.

Desde entonces en el puerto
Sueña que se convirtió en sirena
Y podrá nadar
Surcar el mar
Para así encontrar su amor
Para no seguir perdida aquí
Susurrando al fin
Te espero amor.

Aquella noche no quiso volver
De nuevo a casa para masticar más dolor
La luna llena la miro saltar
Junto a los arrecifes de coral se perdió.

Cuando el barco vino al puerto
Alguien le contó se fue tan lejos
El soñó volar
Surcar el mar
Para así encontrar su amor
Para no seguir
Perdido aquí
Susurrando al fin te espero amor

Se acercó el invierno
Y en el andén se quedó
Con su puñal de recuerdos en el corazón.

Como una roca convertida en sal
Que las mareas lamen sin cesar se durmió
Tan sólo sueña que va a regresar
Esa sirena que se sumergió tras su amor.

Cuando el barco vino al puerto
Alguien le contó se fue tan lejos
Y él soñó volar
Surcar el mar
Para así encontrar su amor
Para no seguir
Perdido aquí
Susurrando al fin
Te espero amor.

> *Con música de Pepe Robles se incluyó en el disco de Pepe Robles, "Abierto al público" interpretado a dúo por Pepe Robles y Soledad Giménez.*

DONDE ACABA TU SONRISA

Donde acaban tus palabras se abre un día
Que amaneció nublado y sin ventanas
Los mendigos se acomodan en su esquina
Y la madre del soldado tiene carta.

Donde acaban tus caricias enmudecen
Por sorpresa los violines de la orquesta
Las respuestas de los sabios no convencen
Los remedios de los dioses no consuelan.

Donde acabas tú comienza
Un desierto interminable
Sin oasis, sin fronteras
Y sin aire respirable
Donde acabas tú no puedo
Comenzar los buenos días
Derrotar este silencio
Que me acecha en cada esquina.

Donde acaban tus abrazos se hace invierno
Y los nidos de las torres envejecen
Nadie puede sobornar a los espejos
Nadie vuelve ya a nacer en un pesebre.

Donde acaba tu sonrisa no hay más bosques
Y los mapas sólo ofrecen precipicios
Los viajeros han perdido al fin el norte
Los poetas la razón de su delirio.

Donde acabas tú comienza
Un desierto interminable
Sin oasis, sin fronteras
Y sin aire respirable
Donde acabas tú no puedo
Comenzar los buenos días
Derrotar este silencio
Que me acecha en cada esquina.

Musicalizada por Manuel Cobos, se incluiría en el disco "Este nuevo futuro" del propio Manuel Cobos.

NECESITO TU AMOR

Necesito tu amor hasta los huesos
Como el suelo que piso al despertarme
Tu amor que se me escapa entre los dedos
Como el agua salvaje de los mares.

Necesito tu amor igual que el aire
Que me bebo tres veces por segundo
Tu amor que fue un pedazo de esperanza
Tu amor que fue mi espada y fue mi escudo.

No quiero oírte decir que se fue gastando
No quiero verme caer sin ti a mi lado
No quiero ser un perro abandonado
Aullando al filo de la madrugada
No quiero oírte decir que se fue gastando
El hambre de morderme sin descanso
No quiero ser un perro abandonado.

Necesito tu amor porque me muero
Sin tus uñas clavadas en mi espalda
Tu amor que me hizo fuerte y traicionero
Tu amor como un bocado a la manzana.

Necesito tu amor es evidente
Que no quiero buscarlo en otra parte
Tu amor que te nacía en las entrañas
Tu amor que me quemaba y aún me arde.

No quiero oírte decir que se fue gastando
No quiero verme caer sin ti a mi lado
No quiero ser un perro abandonado
Aullando al filo de la madrugada
No quiero oírte decir que se fue gastando
El hambre de morderme sin descanso
No quiero ser un perro abandonado.

Con música de Teo Cardalda se incluyó en el disco "Ojalá" de Aurora Guirado.

BUENA TINTA

Hay libros buscando lectores
Hay libros que esconden remedios
Hay libros que alumbran amores
Hay libros que matan el tedio.

Hay libros que lanzan mil dudas
Hay libros que ofrecen respuestas
Hay libros que prestan ayuda
Hay libros que rompen esquemas.

Buena tinta que acompaña
Buena tinta para el alma
Buena tinta necesaria, buena tinta como el agua
Buena tinta tan diaria, buena tinta que no mancha
Buena tinta que nos calma, buena tinta que embriaga
Buena tinta, buena tinta
Con buena tinta.

Hay libros que no nos reflejan
Hay libros que son nuestro espejo
Hay libros con luz que nos ciegan
Hay libros que queman los dedos.

Hay libros que se hacen amigos
Hay libros que ya no se olvidan
Hay libros que marchan contigo
Hay libros para toda la vida.

Buena tinta que acompaña
Buena tinta para el alma
Buena tinta necesaria, buena tinta como el agua
Buena tinta tan diaria, buena tinta que no mancha
Buena tinta que nos calma, buena tinta que embriaga
Buena tinta, buena tinta
Con buena tinta.

Con música de Miguel Ángel García Cossío sería la sintonía del programa de Radio Universidad de Salamanca dedicado a los libros, "Con buena tinta".

TUS OJOS

Tus ojos le borraban al mal día
Los copos de rutina y de violencia
El frío que acechaba en las esquinas
Las artes que asesinan la inocencia.

Tus ojos me miraban y sentía
Que llevo un amuleto de esperanza
Que el mundo no se traga más mentiras
Que el cielo se posaba en mi ventana.

Y entonces recogía los añicos
Dispersos en el haz de tu mirada
Para ir poniendo vendas al herido
Para ir colgando un sol en la mañana.

Tus ojos le robaban a mis huesos
Las dudas que abre cada encrucijada
Las ganas de rendirse sin remedio
Los dardos que no entran en diana.

Tus ojos me invitaban cada noche
A ir sembrando sueños en mi almohada
A ir cerrando el cupo de reproches
A irme confiando con mis armas.

Y entonces recogía los añicos
Dispersos en el haz de tu mirada
Para ir poniendo vendas al herido
Para ir colgando un sol en la mañana.

MIS BUENOS SUEÑOS

De ángel y diablo
Estamos hechos
De nube y barro
De alma y cuerpo
De dulce trago
O mala leche
Buena esperanza
O pobre suerte.

De ángel y diablo
Con dos orillas
Una de espanto
Otra delicia
Con tanto invierno
Como verano
Distintos remos
En cada mano.

Pero tú sacas
Sólo lo bueno
Mi buena cara
Mis buenos sueños
Marcha el diablo
Al precipicio
No hay lado malo
Si estoy contigo.

De ángel y diablo
Es nuestra arcilla
A veces canto
Y otras esquina
Noche cerrada
O claro día
Hoy retirada
Hoy rebeldía.

De ángel y diablo
Son nuestras caras
De noble abrazo
O torpe espada
Tan razonables
Como cerrados
Inexplicables
Al fin y al cabo.

Pero tú sacas
Sólo lo bueno
Mi buena cara
Mis buenos sueños
Marcha el diablo
Al precipicio
No hay lado malo
Si estoy contigo.

Con música de Israel Rey se incluyó en el disco "Tan imposible marea" de Nito Pinilla.

TUS LABIOS

Tus labios
Salvavidas
Soplo de aire
En mis heridas
Cielo abierto
Mi guarida
Amapolas
De saliva.

Tus labios
Dulce abismo
Que me llama
Que respiro
Mi alimento
Mi delirio
Noche clara
Fiel destino.

Van hacia ti
Mis pasos y mi fe
Beso tus labios
Mi porvenir
Todo lo que olvidé
Duerme en tus brazos
Nada me faltará
Si amanece
Tus labios me darán
Pan y suerte
Pan y suerte
Tanta suerte.

Tus labios
Amuleto
Emisarios
Del deseo
Medicina
Sortilegio
La sonrisa
Del espejo.

Tus labios
En mi nuca
En mi sangre
En la espuma
Para siempre
Como nunca
Apagando
Cualquier duda.

Van hacia ti
Mis pasos y mi fe
Beso tus labios
Mi porvenir
Todo lo que olvidé
Duerme en tus brazos
Nada me faltará
Si amanece
Tus labios me darán
Pan y suerte
Pan y suerte
Tanta suerte.

Acaba en ti
La ruta de mis pies
Beso tus labios
Mi porvenir
Todo cuanto olvidé
Duerme en tus brazos
Nada me faltará
Si amanece
Tus labios me darán
Pan y suerte
Tanta suerte.

Con música de Nando González se incluyó en el álbum "Si me nombras" de Nando González.

CARRUSEL

Hoy tal vez me quieras a morir
Mañana te veré haciendo las maletas
Es tan cansado vivir
Sin saber bien si toca llorar o reír.

Yo no sé si es que vamos muy bien
Si me pides perdón con ganas de pelear
Seguimos dando vueltas
Como caballitos de feria.

Y sabes bien que te daría la vida
Me dejé el alma en la partida
Pero al final ya ves no me compensa
Esta batalla por tan precaria paz.

Seguimos prisioneros de esta torpe noria
Un día tan felices y al otro tan mal
Insultos y caricias sin escapatoria
En este triste carrusel, carrusel.
Esclavo de tus neuras vuelvo a preguntarme
Si besos y puñales hoy me tocarán
Corriendo por inercia hacia ninguna parte
Qué triste carrusel
Carrusel,
Carrusel.

Hoy tal vez me quieras de verdad
Mañana te veré con las uñas dispuestas
Y es tan cansado seguir
Sin saber bien si toca soñar o morir.

Y sabes bien que te daría la vida
Me dejé el alma en la partida
Pero al final ya ves no me compensa
Esta batalla tan precaria paz.

Seguimos prisioneros de esta torpe noria
Un día tan felices y al otro tan mal
Insultos y caricias sin escapatoria
En este triste carrusel, carrusel.
Esclavo de tus neuras vuelvo a preguntarme
Si besos y puñales hoy me tocarán
Corriendo por inercia hacia ninguna parte
Qué triste carrusel
Carrusel,
Carrusel.

Con música de César G. Ross se incluyó en el álbum "Lo mejor está por venir" de Gemeliers.

LAS NOCHES DEL CAMAGÜEY

Doce en el reloj siempre puntual
Llega el rey del mambo pero pide un rock and roll
Parece John Wayne entrando al salón
Y es tan joven como el viejo swing.

La rubia del bar sabe qué servir
Sólo la cerveza tiene altura y pedigrí
Tantos años ya abrevando aquí
Y es tan joven como el viejo swing.

Y no quedan cicatrices
De ese amor que le abandonó
Pues son mucho más felices
Las noches de cerveza y rock en el Camagüey.

Cuelga por ahí su chupita al fin
Y ahora imparte unas lecciones sabias de billar
Aparta chaval que vas a aprender
Y es tan joven como el viejo swing.

Nadie sabe bien qué es lo que les da
Pero nunca se va solo del lugar
Hoy con canas ya, con barriga en fin...
Es tan joven como el viejo swing
Y es tan joven como el viejo swing
Y es tan joven como el viejo swing...

*Con música de Javier Ojeda y Daniel Amat se incluyó en el
disco "Barrio de la Paz1" de Javier Ojeda.*

MADRE CANTABA COPLAS

Ojos verdes, A tu vera, Tatuaje
Un rosario de mil coplas entonaba
Cocinando para todos su potaje
Rematando las faenas de la casa.

Y aunque siempre la picaba yo diciendo
Y si cantas algo un poco más moderno
Hoy resulta que la echo al fin de menos
Me refugio sin querer en su recuerdo.

Madre cantaba coplas
Y crecían los geranios
Madre cantaba coplas
Y perdían la razón
Madre cantaba coplas
Y callaba cualquier radio
Madre cantaba coplas
Y pellizcaba el corazón.

De Quintero, de León y de Quiroga
De Molina, de Piqué o de la Castro
Aprendimos poco a poco sus historias
De pasiones y de amantes desgraciados.

Y aunque siempre la tentase reclamando
Y si cantas algo un poco más alegre
Hoy al cabo me entretengo yo cantando
Viejos versos que los años me devuelven.

Madre cantaba coplas
Y crecían los geranios
Madre cantaba coplas
Y perdían la razón
Madre cantaba coplas
Y callaba cualquier radio
Madre cantaba coplas
Y pellizcaba el corazón.

Con música de Miguel Ángel García Cossío se incluyó en el álbum "Cuando quieras, donde quieras" de Antonio Cortés.

SI TE FUERAS

Si te fueras de los pasos que me siguen
De las bocas que se ríen en los bares
De los labios que invento cada noche
De los ojos que cruzo cualquier tarde.

Si te fueras de todas las canciones
De las bocas de metro y de los trenes
De los libros que abro y de las puertas
Del reflejo de los escaparates.

No me estaría costando ahora la vida
Olvidarte como quiero y aceptar que fue mentira
No me estaría costando ahora la vida
Olvidarte como quiero
Que me amaste tanto como te deseo.

Si te fueras de las líneas de mis manos
De la herida que me cuesta tu silencio
Si te fueras aunque fuera poco a poco
Perdiendo como algún viejo recuerdo.

No me estaría costando ahora la vida
Olvidarte como quiero y aceptar que fue mentira
No me estaría costando ahora la vida
Olvidarte como quiero
Que me amaste tanto como te deseo.

Si te fueras igual que se fue tu cuerpo
Despegando como una calcomanía
De mis brazos de mi oscuro pensamiento
Si te fueras de forma definitiva.

*Con música de Teo Cardalda se incluyó en el álbum "Cómplices"
de Cómplices.*

VENDRÁN OLAS

Vendrán olas para borrar nuestras huellas
Devolviendo la botella de un naufragio
Lentas olas acunando un mar en calma
Crueles olas azotando cualquier barco.

Vendrán olas que me doblen la estatura
O se humillen con su sal bajo tus plantas
Olas blancas que rompen contra las rocas
Olas negras que mataron esperanzas.

Y yo seguiré aquí si es que no tienes otros planes
Y yo seguiré aquí besando siempre tu piel marina
Cargado con lo que deje en tus manos el oleaje
Curando lo que te duele o reclamando tus caricias.

Vendrán olas donde descansó la luna
O derribando las almenas de los niños
Olas frías como hojas de navaja
Tibias olas lamiendo nuestros tobillos.

Vendrán olas descifrando el nuevo siglo
Olas ciertas que antes fueron solo nubes
Vendrán olas persiguiendo nuestro sueño
Nuevas olas apagando viejas lumbres.

Y yo seguiré aquí si es que no tienes otros planes
Y yo seguiré aquí besando siempre tu piel marina
Cargado con lo que deje en mis manos el oleaje
Curando lo que te duele o reclamando tus caricias.

*Con música de Juan Mari Montes se incluyó en el álbum
"Sentidos prohibidos" de Juan Mari Montes interpretada a dúo
junto a Víctor Manuel.*

MÍRANOS

Después de todo este final
Que en realidad
Es el comienzo de una guerra sin cuartel
Que humilla y avergüenza.

Ni yo tampoco reconozco que te amé
Como mirarnos a los ojos y saber
Qué ha sido de nosotros.

Déjalo,
nos hemos ya manchado bien el alma entera
y lo peor es que seguimos presos
de este odio intenso.

Míranos
¿Qué ha sido de nosotros dos
Ex combatientes de un amor
Que nos llenó de vida?
Míranos
En este ring desolador
Poniendo precio al deshonor
Que sólo siembra heridas
Qué estúpidos los dos
Qué triste esta bajada del telón.

Cuántos momentos quedarán
Sin recordar
Ya sepultados para siempre por afán
De la rabia indecente
Que nos convierte en estos locos sin razón
Que sólo pisan platos rotos con dolor
En su circo de escombros.

Déjalo,
nos hemos ya manchado bien el alma entera
y lo peor es que seguimos presos
de este odio intenso.

Míranos
¿Qué ha sido de nosotros dos
Ex combatientes de un amor
Que nos llenó de vida?
Míranos
En este ring desolador
Poniendo precio al deshonor
Que solo siembra heridas
Qué estúpidos los dos
Qué triste esta bajada del telón.

*Con música de César G. Ross se incluyó en el álbum "Míranos"
de Álex Ubago y en el recopilatorio de Alex Ubago "20 años"
interpretada a dúo por Alex y Nil Moliner.*

UN PAR DE NOCHES NADA MÁS

Con botas militares y una chupa
Con chapas de Sex Pistols y los Clash
No era la más guapa pero a chula
No le ganaba nadie en la ciudad.

La quise un par de meses hace años
Me quiso un par de noches nada más
Bailamos en los más oscuros antros
Y un día la perdí en la oscuridad.

Hoy dicen que se ha ido en su caballo
Volando hacia la fría eternidad
Brindando por el cielo de sus besos
He vuelto como entonces a llorar.

Camino con su nombre tatuado
Por las calles mojadas de anteayer
Preguntan por su risa los esclavos
Que le robaron todo lo que fue.

No me puedo quitar de la cabeza
Sus ojos de muñeca en soledad
Sus ganas de morder la vida entera
Su hambre de probar un poco más.

Hoy dicen que se ha ido en su caballo
Volando hacia la fría eternidad
Brindando por el cielo de sus besos
He vuelto como entonces a llorar.

TE BUSCO

Unos buscan cimas imposibles
Y escalan entre rocas mil montañas
Otros buscan tesoros en los mares
Sumergidos con linterna y escafandra.

Unos buscan agua por planetas
A bordo de cohetes espaciales
Otros buscan huesos en la tierra
Algún pozo de petróleo o minerales.

Yo sólo te busco a ti
Por el borde de las largas avenidas
Sólo te busco a ti
En el sueño fugaz de cada día.

Unos buscan negocios bien rentables
Por despachos de bancos y oficinas
Otros buscan consuelo en algún templo
Por pasillos de hospitales, medicinas.

Unos buscan refugio en paraísos
De sustancias y licores casi turbios
Otros buscan belleza pasajera
En revistas, pasarelas o concursos.

Yo sólo te busco a ti
Por el borde de las largas avenidas
Sólo te busco a ti
En el sueño fugaz de cada día.

Con música de Israel Rey se incluyó en el disco "Tan imposible marea" de Nito Pinilla.

SI TE RECUERDO

Si te recuerdo suenan canciones
Crece más clara la madrugada
Se vuelven listos los televisores
Se abre de pronto cada ventana.

Si te recuerdo vuelan palomas
Sale a la pista la bailarina
Se hacen amigas todas las sombras
Se hace esperanza cualquier esquina.

Todo es más fácil si te recuerdo
Lo inalcanzable llega a mi altura
Surgen atajos a cada sueño
Nacen respuestas por cada duda.

Si te recuerdo tengo motivos
Regresa a casa cada soldado
Me sacia el agua del espejismo
Ríe mi suerte en cada dado.

Si te recuerdo sana la herida
Mojan las olas mis pies descalzos
Cruzo con ansias las autopistas
Rueda mi estrella por los tejados.

Todo es más fácil si te recuerdo
Lo inalcanzable llega a mi altura
Surgen atajos a cada sueño
Nacen respuestas por cada duda.

*Con música de Carlos Olano se incluyó en el álbum "Reflejo"
de Luis Sapia.*

TUS MANOS

Tus manos son la rama que se ofrece
Si caigo sin remedio al precipicio
El dulce salvavidas que se mece
Nadando en el naufragio sin destino.

Tus manos son el beso de mi espalda
El dulce paraíso de mis noches
Los pétalos desnudos de tu alma
La línea que me marca el horizonte.

Tus manos son el cáliz donde bebo
El trago que me nubla los sentidos
Tus manos son la tinta, tus manos son el gesto
Que dicta cada verso que te escribo.

Tus manos son las calles que frecuento
El mapa con las cruces del tesoro
Las palmas donde escondes mi secreto
El velo con que me cubres los ojos.

Tus manos son el cáliz donde bebo
El trago que me nubla los sentidos
Tus manos son la tinta, tus manos son el gesto
Que dicta cada verso que te escribo.

Y el frío no me alcanza resguardado
En este inesperado microclima
Me duermo en la palma de tus manos
A salvo de cualquier mala noticia.

Tus manos son el cáliz donde bebo
El trago que me nubla los sentidos
Tus manos son la tinta, tus manos son el gesto
Que dicta cada verso que te escribo.

Con música de Pancho Delgado sería finalista en el talent show de TVE, "Hit" en el que sería interpretada por David Bustamante.

BÉSAME EL ALMA

Bésame el alma la traigo
Temblando de frío y de miedo
Haz que se sienta segura
Y escóndela entre tu pecho.

Bésame el alma no quiere
Otros labios que la quieran
Zurce conmigo sus dudas
Que aún es tu alma gemela.

Y olvídate de mi cuerpo
Que no necesita tus flores
Solo sabrá defenderse
Al menos por esta noche.

Bésame el alma sin prisa
Y escucha lo que te diga
Hace tanto que no oyes
Como laten sus heridas.

Bésame el alma que quiero
Sentirte un poco más cerca
Últimamente te noto
Tan lejos de su presencia.

Bésame el alma no quiere
Otros labios que la quieran
Zurce conmigo sus dudas
Que aún es tu alma gemela.

Y olvídate de mi cuerpo
Que no necesita tus flores
Solo sabrá defenderse
Al menos por esta noche.

Bésame el alma sin prisa
Y escucha lo que te diga
Hace tanto que no oyes
Como laten sus heridas.

Bésame el alma
Bésame el alma.

Con música de Teo Cardalda se incluyó en el álbum "Alma enamorada" de Abigail.

NADA ES PARA SIEMPRE

Nada es para siempre
decían tus ojos tristes
buscando la autopista
por donde te marchaste.

Fui tu mascota y juguete
y cuando creciste
un estorbo ladrando
a la luna de marzo.

Nada es para siempre
Decían tus ojos tristes
Cogiéndome las manos
Que ayer te dieron tanto.

Esquivaste a los coches
que eran como balas grises
y seguiste huyendo
del ruin abandono.

Y aquí estoy como un perro sin amo
viviendo en las calles
mendigo de tus caricias
y aquí estoy como un perro sin amo
al que un día le dieron la vida
y al otro se la robaron.

Nada es para siempre
Decían tus ojos tristes
que eran como navajas
en la noche oscura.

Que poco ha durado
el amor que un día me diste
que eterna es la madrugada
bajo esta lluvia triste.

Y aquí estoy como un perro sin amo
viviendo en las calles
mendigo de tus caricias
y aquí estoy como un perro sin amo
al que un día le dieron la vida.

> *Con música de Teo Cardalda y cantada por Cómplices sería la sintonía de la serie "Nada es para siempre" emitida por Antena 3.*

REGRESA DE NOCHE

Regresa de noche muriendo
De copas que saben amargas
Oliendo a licor de tristeza
A gritos de un sucio macarra.

Regresa de noche cargada
De sueños que no se cumplieron
En taxis con luces enfermas
Con besos baratos y necios.

Y en casa ya nadie la espera
Dispuesto a coserle las alas
Los gatos marcharon de fiesta
Tan sólo le queda su almohada
Y en sueños ya nadie le dice
Te vienes conmigo princesa
Te quiero como nunca quise
Tus besos ya no están en venta.

Regresa de noche llorando
Con frases obscenas que humillan
De hombres que nunca se cansan
De verla otra vez de rodillas.

Regresa de noche cayendo
Muy sucia por dentro y por fuera
Contando los años que faltan
Para al fin cumplir su promesa.

Regresa de noche sabiendo
Que todas sus cartas son falsas
Que nadie vendrá con sus flores
Ni con una luz de esperanza.

Y en casa ya nadie la espera
Dispuesto a coserle las alas
Los gatos marcharon de fiesta
Tan sólo le queda su almohada
Y en sueños ya nadie le dice
Te vienes conmigo princesa
Te quiero como nunca quise
Tus besos ya no están en venta.

Con música de Miki Gala se incluyó en el disco "Sinestress" del grupo de rock Sinestress.

CON MATICES

Me quisiste no lo niego eso es cierto
Pero me quisiste siempre con matices
Y ese modo de entregarse no lo entiendo
Que un buen árbol nunca crece sin raíces.

Te entregaste no lo niego pero al cabo
Lo que diste siempre vino con matices
Y es difícil embriagarse con un trago
Que no hay sueño que no pida lo imposible.

Con matices hoy me marcho con matices
Porque aquí dejo lo que pudo haber sido
Una historia que ni deja cicatrices
Un amor que se evapora en el olvido.

Me quisiste no lo niego mentiría
Como tampoco es verdad que me quisiste
Si guardaste en la despensa mil caricias
Si contabas cada beso que me diste.

Te entregaste no lo niego a tu manera
Que fue ir poniendo frenos por si acaso
Nos quemamos sin remedio en esa hoguera
Que es dejarse piel y sangre en cada abrazo.

Con matices hoy me marcho con matices
Porque aquí dejo lo que pudo haber sido
Una historia que ni deja cicatrices
Un amor que se evapora en el olvido.

ESE BESO QUE YO SUEÑO

Derrite la nieve
Acerca las costas
Desata la fiebre
Empuja las olas
Separa los mares
Suspende proyectos
Remedia desastres
Y espanta los miedos
Ese beso que yo sueño.

Afina la orquesta
Dibuja sonrisas
Encuentra respuestas
Provoca la envidia
Desata emociones
Dispara los celos
Levanta rumores
Y afirma los credos
Ese beso que yo sueño.

Ese beso que yo sueño
Al dejarlo así en tus labios
Vuelve el mundo más pequeño
Más sensible más humano
Ese beso que yo sueño
No podrás al fin negarlo
Si no quieres que dejemos
De creer en los milagros.

Aleja fantasmas
Estrecha los puentes
Enseña las armas
Esconde los dientes
Descifra mensajes
Calienta el invierno
Altera la sangre
Y espanta los vientos
Ese beso que yo sueño.

Nos cose dos alas
Inventa un idioma
Empaña miradas
Empieza una historia
Que cura una herida
Desnuda los cuerpos
Arranca una espina
Dispara un te quiero
Ese beso que yo sueño.

Ese beso que yo sueño
Al dejarlo así en tus labios
Vuelve el mundo más pequeño
Más sensible más humano
Ese beso que yo sueño
No podrás al fin negarlo
Si no quieres que dejemos
De creer en los milagros.

Con música de Jonathan Pocoví se incluyó en el álbum "Tan imposible marea" de Nito Pinilla.

DE TODAS LAS HERIDAS

De todas las heridas que conservo
Tú sigues siendo aún mi preferida
La dulce cicatriz que mi recuerdo
Aún hace sangrar por las esquinas.

De todas las heridas que me hicieron
Tu beso es el puñal que me desgarra
Te he llevado tan dentro de mis huesos
Que no sé caminar si tú me faltas.

Y mereció la pena sin embargo
Morir por disfrutar de tus caricias
Perderse por la selva de tu cuerpo
Caer por el edén de tu sonrisa.

De todas las heridas que conservo
La tuya es mi dolor más confortable
El filo de navaja que en mi pecho
Repite lo mucho que me amaste.

De todas las heridas que yo escondo
Tú eres la que arrastro con orgullo
La tristeza que me empaña los ojos
La nube de mis días más oscuros.

Y mereció la pena sin embargo
Morir por disfrutar de tus caricias
Perderse por la selva de tu cuerpo
Caer por el edén de tu sonrisa.

Con música de Pancho Delgado se incluyó en el álbum "Yo debí enamorarme de tu madre" de Bertín Osborne.

DETRÁS DEL PIANO

Salía con prisa de casa a las nueve
Igual que otras tardes que no eran un martes
Compraba tabaco, sacaba un billete
Subía en el metro, no hablaba con nadie.

Pues nadie miraba si entraba en la sala
Con pasos muy torpes cruzaba la pista
Sólo en camerinos al fin olvidaba
La percha invisible que viste al artista.

Fue número uno de todas las listas
Decía un cartel instalado en la puerta
Del siglo pasado la gente se olvida
Si cierran los ojos la magia regresa.

Y todas las bocas callaban entonces
Detrás del piano dispara nostalgia
El rey del bolero incendia las noches
De tristes pasiones esta madrugada
Mejor que Gatica o que Manzanero
Llenaba las noches de historias amargas
Dejaba temblando un triste te quiero
Igual que Los Panchos, igual que la Vargas.

Salía de pista con ojos llorosos
Quizás recordando sus días mejores
Sonaba una nube de aplausos de fondo
Dejaba en el suelo una alfombra de flores.

Besaba la foto de una vieja dama
Prendida al espejo desde hace mil años
Cambiaba de traje regresaba a casa
Volvía a ser nadie midiendo sus pasos.

Fue número uno de todas las listas
Decía un cartel instalado en la puerta
Del siglo pasado la gente se olvida
Si cierran los ojos la magia regresa.

Y todas las bocas callaban entonces
Detrás del piano dispara nostalgia
El rey del bolero incendia las noches
De tristes pasiones esta madrugada
Mejor que Gatica o que Manzanero
Llenaba las noches de historias amargas
Dejaba temblando un triste te quiero
Igual que Los Panchos, igual que la Vargas.

Con música de Santos Moreno se incluyó en el álbum "Los hombres sensibles" de Soledad Giménez y la cantó junto a Chabuco.

COMO EL ÚLTIMO CIGARRO

Como el último cigarro que me fumo
Jurando que lo dejo para siempre
Te abrazo presintiendo que eres humo
Que escapa por el aire suavemente.

Como el último cigarro que me fumo
Me sigues aún matando poco a poco
Al tiempo que te beso se que apuro
El venenoso adiós de un amor loco.

Y guardaré en mis labios
Nostalgia de tu aroma
Queriendo olvidarte
Con besos de otras bocas
Y quedará olvidado
Mi amor en la ceniza
Del fuego que prendimos
En noches de otros días.

Como el último cigarro que me fumo
No sé si al fin será definitivo
O volveré a buscarte porque uno
Se arrastra sin defensa a lo prohibido.

Como el último cigarro que me fumo
Tropezaré un mal día por olerte
Que sepas sin embargo que no dudo
Que lucharé a diario por no verte.

Y guardaré en mis labios
Nostalgia de tu aroma
Queriendo olvidarte
Con besos de otras bocas
Y quedará olvidado
Mi amor en la ceniza
Del fuego que prendimos
En noches de otros días.

LAS GOTAS DE FELICIDAD

Las hojas caducas de este calendario
Las huellas furtivas por viejas ciudades
Las risas de noches del siglo pasado
Los besos perdidos en todas las calles.

Los viejos amigos, las nuevas presencias
Las frases escritas en torpes cuadernos
El triste aeropuerto escupiendo maletas
Los libros leídos esperando algún sueño.

Llévate todo si te vas
No quiero nunca recordar
Que fuiste alma en mi canción
Llévate todo si te vas
Las gotas de felicidad
Lloviendo sobre el corazón.

Canciones amadas y hoteles extraños
Los posters pegados en tristes paredes
La luna de enero inventando un milagro
Los dados tentando la flor de la suerte.

Pancartas pidiendo todo lo imposible
Dedos inexpertos midiendo tu cuerpo
Paraguas cerrados en el hall de un cine
Ventanas abiertas al cielo de un puerto

Llévate todo si te vas
No quiero nunca recordar
Que fuiste alma en mi canción
Llévate todo si te vas
Las gotas de felicidad
Lloviendo sobre el corazón.

TODA LA VIDA

Jugamos a enamorarnos un par de días
Matando un poco el tiempo que nos sobraba
Cambiamos miradas, móvil, humo y mentiras
Camino del paraíso que hay en tu cama.

Jugamos a enamorarnos un par de días
Huyendo de cualquier forma de compromiso
Trazamos muy bien la raya que no se pisa
Jurando que al día siguiente llega el olvido.

Supongo que algo se ha ido de nuestras manos
Si piensas que aquí seguimos al tercer día
Creyendo que lo que ocurre lo controlamos
Rogando que el juego dure toda la vida.

Jugamos a enamorarnos un par de días
Y casi ya no recuerdo como empezamos
Las leyes que legislamos y que prohibían
Dejarnos la piel y el alma en cada abrazo.

Jugamos a enamorarnos un par de días
Y acaso porque no es sabio jugar con fuego
Caímos en esa trampa que nos tendía
La magia que al fin nacía de nuestros besos.

Supongo que algo se ha ido de nuestras manos
Si piensas que aquí seguimos al tercer día
Creyendo que lo que ocurre lo controlamos
Rogando que el juego dure toda la vida.

CON TU NOMBRE

Tu nombre empieza a colarse
Por mis ventanas abiertas
Se viene cantando a robarme
Motivos de tanta tristeza.

Tu nombre prefiere quedarse
Conmigo las noches enteras
Y yo que no tengo otros planes
Me bebo sediento tus letras.

Me duermo feliz con tu nombre
Mientras te vas con cualquiera
Lo abrazo muy fuerte sintiendo
El sueño que tanto me niegas.

Me duermo feliz con tu nombre
Que sabe que como te quiero
No puede quererte ya nadie
Por mucho que pase ya el tiempo.

Tu nombre se niega a seguirte
Por donde lo llevan tus pasos
Parece en el fondo tan triste
Sabiendo que es mi fracaso.

Tu nombre se viene conmigo
Pues sabe que no te traiciono
Te marchas y yo no te olvido
Me olvidas y yo te perdono.

Me duermo feliz con tu nombre
Mientras te vas con cualquiera
Lo abrazo muy fuerte sintiendo
El sueño que tanto me niegas
Me duermo feliz con tu nombre
Que sabe que como te quiero
No puede quererte ya nadie
Por mucho que pase ya el tiempo.

ME DEFIENDO DE TI

Me defiendo de ti con mentiras
Que me hago creer a mí mismo
Intentando empañar tu recuerdo
Con traiciones que no has cometido.

Me defiendo de ti con engaños
Que reparto entre viejos amigos
Es la forma de darme coraje
De echarte sin más al olvido.

Y perdona esta triste venganza
Que supongo que no te mereces
Cada uno utiliza las armas
Que el amor o la guerra le entrega.

Me defiendo de ti con reproches
Que tal vez nunca pude contarte
Las promesas que nunca me hiciste
Tantos besos que llegaron tarde.

Me defiendo de ti con ofensas
Que coloco sin más en el hueco
Que tu ausencia ha dejado en mi almohada
Que tu cuerpo ha dejado en mi cuerpo.

Y perdona esta triste venganza
Que supongo que no te mereces
Cada uno utiliza las armas
Que el amor o la guerra le entrega.

Con música de Litto Nebbia se incluyó en el álbum "Soñando barcos" de Litto Nebbia.

SUEÑOS DE SPRAY

Llegaron juntos antes del amanecer
Al puente nuevo de la vieja estación
Él tiene quince, ella cumplió dieciséis
Y ambos mil sueños y una banda de hip hop.

En la mochila cuatro botes de spray
Dispuestos para inaugurar un vagón
No es que sea el AVE pero sería tan guay
Llevar tu arte de Atocha hasta Gijón.

Y aún dicen que no pintamos nada
No será acaso que no lo quieren ver
Silba si se acerca ese guardia
Lo dejo todo y echamos a correr.

Ella vigila y él se pone a dibujar
Cuando él termina intercambian el papel
Bocas de lobo y hecatombe nuclear
Así es la vida tal y como la ven.

Iba de lujo pero seguridad
Viene rondando alerta por el andén
Suena un silbido es hora de escapar
Pero él tropieza cuando llegaba un tren.

Y aún dicen que no pintamos nada
No será acaso que no lo quieren ver
Silba si se acerca ese guardia
Lo dejo todo y echamos a correr.

No fue fácil luego sobrevivir
Pero quedaba boca para rapear
Silla de ruedas para andar por ahí
Sueños de spray para continuar.

Siguen buscando el más hermoso tren
Lienzo ambulante que los saque de aquí
Su nombre sigue escrito en cualquier pared
Son la pareja más rara de Madrid.

Y aún dicen que no pintamos nada
No será acaso que no lo quieren ver
Silba si se acerca la manada
Lo dejo todo y echamos a correr.

AGUA PASADA

¿Por qué me das de beber
Agua pasada
Si ya no tengo la sed
De tus almohadas?
¿Por qué no aceptas sin más
Que se hizo tarde
Para abrazarte y hallar
Pieles que arden?

¿Por qué me das de beber
Agua pasada
Si en otra fuente encontré
Otra más clara?
No me gustaron jamás
Segundas partes
Prefiero ir hacia el mar
Que hacia el estanque.

Cada amanecer
Yo soñaba ser
Tu luz del alba
Todo lo aposté
Siempre me entregué
En cuerpo y alma
Pero hoy ya lo ves
Lágrimas de ayer
No valen nada
Porque sabes bien
Que lo nuestro es
Agua pasada.

¿Por qué me das de beber
Agua pasada
Si se ha marchado ya el tren
De esa esperanza?
¿De qué te sirve ofrecer
Nuevas caricias
Si no podrás esconder
Viejas heridas?

¿Por qué me das de beber
Agua pasada
Después de tanto llover
En mi ventana?
¿Qué le ocurrió por ahí
A tu sonrisa?
¿Quién te negó ser feliz
Sin mí a la orilla?

Con música de Miguel Ángel García Cossío se incluyó en el álbum "Joana Jiménez" de Joana Jiménez.

AURORA SUEÑA BARCOS

Sobre las piernas duras y morenas
Revolotea el vuelo de su falda
En celo las guitarras a su vera
Se enredan con la rumba más canalla.

Su pelo de azabache se derrama
Igual que lluvia negra por su rostro
Las palmas la jalean pero al alba
Regresa como siempre al mismo pozo.

Aurora la más guapa
Princesa de chabola
Con alma presidiaria
Destino sin historia.

Aurora sueña barcos
Que la llevan a un puerto
Mecida en los abrazos
De hombres bien apuestos.

Cuantas noches bebiendo el mismo vaso
De este tablao oscuro que le ata
A la limosna triste que una mano
Deja en su escote cada madrugada.

Fregando de rodillas la alborada
Ninguna te verá tras cada cierre
El souvenir flamenco es una chacha
Que aún no ha cumplido diecisiete.

Aurora la más guapa
Princesa de chabola
Con alma presidiaria
Destino sin historia.

Aurora sueña barcos
Que la llevan a un puerto
Mecida en los abrazos
De hombres bien apuestos.

Sobre las piernas duras y morenas
Revolotea el vuelo de su falda.

Con música de Litto Nebbia se incluyó en el álbum "Soñando barcos" de Litto Nebbia.

BOTELLAS VACÍAS

Botellas vacías
Corazón caliente
La cama tan fría
Las venas ardientes
Sobre la mesilla
La radio dispara
Viejas sinfonías
De otra noche larga.

Botellas vacías
Igual que tus brazos
La luna agoniza
Sobre los tejados
No puedes dormirte
Te mata su ausencia
Tus sueños se visten
De honda tristeza.

Te pesan los ojos desnudos
Del cuerpo que tanto has amado.
La lluvia desata fantasmas
Contra los cristales
Y aumentan los viejos recuerdos.

Botellas vacías
Por mares de sombras
Llegando a la orilla
De otra noche rota
A cámara lenta
Te bebes las horas
Mientras las estrellas
Lejanas te ignoran.

Te pesan los ojos desnudos
Del cuerpo que tanto has amado
La lluvia desata fantasmas
Contra los cristales
Y aumentan los viejos recuerdos.

Botellas vacías
Nunca medio llenas
Hurgando en la herida
De otro duermevela
Y el sol te acribilla
Igual que navaja
Doblando la esquina
De esta madrugada.

Con música de Litto Nebbia se incluyó en el álbum "Soñando barcos" de Litto Nebbia.

EL BESO SIGUIENTE

El beso siguiente
Que venga a mis labios
Lo quisiera ardiente
Para no olvidarlo
No acepto un regalo
De pura costumbre
Prefiero negarlo
Si no enciende lumbre.

El beso siguiente
Que caiga en mi boca
Que estalle en mis dientes
Igual que una bomba
No quiero rutina
Con ojos abiertos
Que es breve la vida
Y estamos despiertos.

Que hemos perdido tanto en el camino
Que ya no me estremece compartirlo
Que hemos bajado tanto ya la guardia
Que no me sabe el cielo a casi nada.

El beso siguiente
Que sacie mi hambre
Que no me recuerde
Las noches de antes.
Que sea la antesala
De todo el deseo
Con pocas palabras
Y locuaces cuerpos.

El beso siguiente
Que despierte envidia
Que calle a la gente
Que nombre a la vida
Igual que el primero
Que un día me diste
Igual de inexperto
Igual de increíble.

Con música de Litto Nebbia se incluyó en el álbum "Soñando barcos" de Litto Nebbia.

VENTAJAS DE PERDERTE

La ventaja de perderte
Es que ya no jugarás
Cada poco a esconderte
Como una estrella fugaz
Ya no tentarás mi suerte
Ni podrás amenazar
Con sobornos aparentes
Con atisbos de quizás.

La ventaja de perderte
Es que no voy a luchar
Con la sed de no tenerte
Con el hambre de llorar
Y al fin podré entenderte
Y tratarte de olvidar
Refugiarme indiferente
En mi propia soledad.

Ya sabes que no soy nada
Cuando te siento ausente
Pero tiene sus ventajas
Perderte para siempre.

La ventaja de perderte
Es que no me humillarás
Con mentiras de juguete
Con verdades de disfraz
Y podré empezar de cero
A buscarte en otra piel
Ir enterrando tus besos
En arcones de anteayer.

La ventaja de perderte
Es que no te seguiré
Como el agua a la corriente
Como el vértigo a la sed
Yo me quedaré enhebrando
En bancarrota el corazón
Y me iré recuperando
Si sé que todo acabó.

Ya sabes que no soy nada
Cuando te siento ausente
Pero tiene sus ventajas
Perderte para siempre.

Con música de Gabriel Sopeña se incluyó en el álbum "Viento del este" de Loquillo.

MARIPOSAS DE LA SELVA

Disfrazadas de gatitas muy coquetas
Las tigresas se fugaron del colegio
Y han tomado ya la turbia discoteca
Con las artes de un experto guerrillero.

En la pista las Julietas suburbiales
Chupan néctar de miradas con lascivia
Faldas cortas, botas casi militares
Ofreciendo sus tesoros con malicia.

Media hora y tendrán a otro Romeo
Babeando sin querer entre sus piernas
No hay cristiano que se escape del asedio
De estas bellas mariposas de la selva.

Los soldados intercambian experiencias
Casi todos ya cayeron en sus redes
Medio putas, medio santas y princesas
Con hazañas que han manchado las paredes.

Cabalgando en la moto con descaro
Bien cosidas a la espalda de un macarra
Una a una se fueron evaporando
Y hoy morimos de un hachazo de nostalgia.

Media hora y tendrán a otro Romeo
Babeando sin querer entre sus piernas
No hay cristiano que se escape del asedio
De estas bellas mariposas de la selva.

Con música de Litto Nebbia se incluyó en el álbum "Soñando barcos" de Litto Nebbia.

NOCHE DE CARNAVAL

Negros con cutis de tabaco
Playas eternas de Janeiro
Besos de selva en mis labios
Flores de sangre en tu pelo
Voces de asfalto milagroso
Dulces caderas de mulata
Fiesta de sexo en mis ojos
Fiebre creciente en tu mirada.

Vente al Carnaval conmigo
A embriagarme en tus sabores
A calzarme en tus delirios
A vestirme en tus colores.

Vente al Carnaval conmigo
Que allí nadie nos conoce
Invitemos al instinto
A intercambiar piel y nombre.

Niños corriendo descalzos
Cielos blancos de palmeras
Goles de un rey centenario
Fruta de savia en primavera.

Llantos humildes de labriego
Cantos sublimes de Caetano
Barrios curtidos por el miedo
Gente bailando sin descanso.

Vente al Carnaval conmigo
A embriagarme en tus sabores
A calzarme en tus delirios
A vestirme en tus colores
Vente al Carnaval conmigo
Que allí nadie nos conoce
Invitemos al instinto
A intercambiar piel y nombre.

Con música de Litto Nebbia se incluyó en el álbum "Soñando barcos" de Litto Nebbia.

ESTRELLAS FUGACES

Va de prisa este invento
Demasiado de prisa
Va de corte y sin frenos
Quemando la autopista
Va de luz fugitiva
Como un poste plantado
Tras estas ventanillas
De este tren que tomamos.

Va de prisa este juego
Barajando sus cartas
Juro que no me entero
De que va la jugada
Cumple algunos deseos
Deja varias heridas
Cambia dudas por credos
Siembra muchas mentiras.

Pasa pronto la vida
O a mi me lo parece
Pasa así de puntillas
Igual que la corriente
Pasa pronto la vida
Como estrellas fugaces
Un segundo y ceniza
Un recuerdo de nadie.

Va de prisa esta historia
Que escribimos pensando
Que dejamos memoria
De aprendices de barro
Como hojas de otoño
Caen las del calendario
Con un brillo en los ojos
Para siempre apagados.

Pasa pronto la vida
O a mi me lo parece
Pasa así de puntillas
Igual que la corriente
Pasa pronto la vida
Como estrellas fugaces
Un segundo y ceniza
Un recuerdo de nadie.

Va de prisa este plazo
Que nos dieron los dioses
Como el dulce regalo
Que creyeron los hombres
Va de prisa y no dice
Hacia donde nos lleva
Con su urgencia imposible
Con su noche de velas.

Con música de Litto Nebbia se incluyó en el álbum "Soñando barcos" de Litto Nebbia.

ARTISTAS

Pintores de nubes inquietas
Poetas de musas esquivas
Cantantes de bares de copas
Actores de viejas heridas.

Payasos de circo ambulante
Flautistas tocando en la esquina
Con magos de truco infalible
Toreros de porte suicida.

Artistas, qué locos artistas
Tan suyos, tan nuestros, se pierden
Buscando tal vez una pista
Por donde se escapa la gente.

Adictos a musas en celo
Construyen castillos de aire
Mendigos de amor cotidiano
Siguiendo las rutas de nadie.

Contando estrellas fugaces
Trenzando sueños imposibles
Perfectos pirados volcanes
Tomando la vida por libre.

Artistas, qué locos, artistas
Tan suyos, tan nuestros, se pierden
Buscando tal vez una pista
Por donde se escapa la gente.

Artistas, queridos artistas
Creadores de mundos aparte
Inquietos, bohemios, se orillan
Colgados de torres de naipes.

*Con música de Litto Nebbia se incluyó en el álbum "Soñando
barcos" de Litto Nebbia.*

30 RAZONES

Porque despierto y tu pelo estalla en mi almohada
Porque regreso y quedan besos en tu boca
Porque resbalo y de nuevo tu aliento me salva
Porque enmudeces y el mundo se desmorona.

Porque te nombro y sé que nombro un amuleto
Porque me miras y se dispersa la tormenta
Porque la luna guarda bien nuestro secreto
Porque camino y sigo el rastro de tus huellas.

Tengo 30 buenas razones para amarte
Y después de esas 30 tengo otras 40
Y después de esas 40 pierdo la cuenta
Y comienzo desde cero a enumerarte
Que tengo 30 buenas razones para amarte
Tengo 30 razones para amarte.

Porque me mientes y sé que voy a rendirme
Porque me duermo y sigo oliendo a tu deseo
Porque sonríes y sé que ya soy invencible
Porque te acercas y vas espantando el miedo.

Tengo 30 buenas razones para amarte
Y después de esas 30 tengo otras 40
Y después de esas 40 pierdo la cuenta
Y comienzo desde cero a enumerarte
Que tengo 30 buenas razones para amarte
Tengo 30 razones para amarte.

Con música de Teo Cardalda se incluyó en el álbum "Cousas de meigas" de Cómplices.

DEBAJO DE MI ALMOHADA

Debajo de mi almohada nacen sueños
Los diarios pregonan armisticios
La madrugada huele a viejos bares
La calle a buena vida con amigos.

Debajo de mi almohada amanece
Los dados de la suerte me sonríen
Los pibes fuman hierba en las esquinas
Las parejas se acarician en los cines.

Los años que pasamos y no vuelven
Mis sueños como vuelo de gaviotas
Debajo de mi almohada no parece
Que el corazón me traiga bancarrota.

Debajo de mi almohada reconozco
Que me sobran apuestas y ambiciones
Con tus besos de gata me conformo
Co mi trozo de pan y mis canciones.

Debajo de mi almohada me cobijo
Negando que es de papel toda mi flota
De arena las almenas del castillo
De dudas las certezas que me apoyan.

Los años que pasamos y no vuelven
Mis sueños como vuelo de gaviotas
Debajo de mi almohada no parece
Que el corazón me traiga bancarrota.

Incluida en el disco "Faros" de Lolo Micucci, musicalizada por el propio Lolo.

Y TODOS LO SABEMOS

Se miran con los ojos desbordados
Se esperan con desfases de impaciencia
Se rozan con pretextos muy banales
Se explican con palabras inconexas.

Se buscan con el alma siempre en vilo
Se insultan con palabras de mentira
Se pierden con excusas imposibles
Se encuentran con razones imprevistas.

Y todos ya sabemos que se aman
Con ansia, con locura, con todo el hambre
Y todos ya sentimos que se aman
Que intentan disfrazarlo con mil frases
Y todos lo sabemos
Menos ellos.

Se hablan con tan sólo una mirada
Se citan con un gesto que confunde
Se llaman por debajo de la mesa
Se evaden por encima de las nubes.

Se mienten con verdades muy piadosas
Se nutren con los sueños del iluso
Se entregan sin saber cual es el precio
Se apagan por motivos tan absurdos.

Y todos ya sabemos que se aman
Con ansia, con locura, con todo el hambre
Y todos ya sentimos que se aman
Que intentan disfrazarlo con mil frases
Y todos lo sabemos
Menos ellos.

NO NECESITABA FLORES

Pusiste alegrías en mis manos
Coronas de geranios en mi pelo
Jazmines de la India en mis labios
Violetas africanas en mi pecho.

Llenaste de amapolas mis heridas
De rosas invernales cada duda
Dejaste un arsenal de margaritas
Contestando a todas mis preguntas.

Y yo no necesitaba
Flores sino tu boca
Sin ti me falta el agua
Muero entre las sombras
Yo no necesitaba
Savia sino tus labios
Caricias en mi espalda
Tu cuerpo entre mis brazos.

Pusiste huelenoches en mis dedos
Orquídeas tropicales en mis ojos
Sembraste enredaderas en mi cuerpo
Lloviste siemprevivas en mis hombros.

Llenaste de petunias cada hueco
De pétalos de adelfa nuestra cama
Llegaba cada día un crisantemo
Prendido en un ramo de esperanzas.

Y yo no necesitaba
Flores sino tu boca
Sin ti me falta el agua
Muero entre las sombras
Yo no necesitaba
Savia sino tus labios
Caricias en mi espalda
Tu cuerpo entre mis brazos.

Con música de David Padrón y Remírez de Ganuza se incluyó una adaptación de esta letra en el álbum "Espresso, no compresso" de Los Espejos.

DISPÁRAME

Dispárame si puedes algún beso
La cuarta hoja de trébol o una rosa
La llave donde escondes cada sueño
Las alas de una frágil mariposa.

Dispárame un lo siento que me sirva
Un hueco con mi nombre donde duermes
Una canción de esas que me chiflan
Una estrella fugaz de las de siempre.

Que ya me has disparado tantos dardos
Que tengo el corazón hecho jirones
Y no me queda ya ni un hueso sano
Para ofrecer diana a tus humores
Que ya no tengo tiempo para guerras
Más de las que yo juzgue imprescindibles
Que sólo necesito que me quieras
O me dejes marchar tal como vine.

Dispárame un recuerdo delirante
Una noche de hotel donde prefieras
Una caricia de esas que tu sabes
Muy bien lo que despierta y encadena.

Dispárame un viaje a cualquier parte
Donde las olas bailen sin pudores
Una simple sonrisa sin desplante
Un verso que no arruine mis pasiones.

Que ya me has disparado tantos dardos
Que tengo el corazón hecho jirones
Y no me queda ya ni un hueso sano
Para ofrecer diana a tus humores
Que ya no tengo tiempo para guerras
Más de las que yo juzgue imprescindibles
Que sólo necesito que me quieras
O me dejes marchar tal como vine.

DULCE GEOMETRÍA

De nuevo en el círculo vicioso
De las perfectas curvas que conforman
La dulce geometría que en mis ojos
Despierta tan desnuda y me provoca.

De nuevo en el círculo vicioso
Del laberinto que supone amarte
Recorriendo accidentes y recodos
Buscando una salida entre espirales.

Con tantas caras
Me parecía
Cuadriculada
Tu perspectiva
Ese problema
Nunca resuelto
Ver como enredas
Mis sentimientos.

De nuevo en el círculo vicioso
De calcular sin prisa las distancias
Entre la soledad y un amor loco
Que siembra de ecuaciones todo el alma.

De nuevo en el círculo vicioso
De ese triángulo que hoy es mi trampa
No se poner un punto y me equivoco
Pues se que multiplico mi nostalgia.

Con tantas caras
Me parecía
Cuadriculada
Tu perspectiva
Ese problema
Nunca resuelto
Ver como enredas
Mis sentimientos.

EN MI BAR PREFERIDO

En mi bar preferido naufragan los insomnes
Frente a un vaso de vino que se hace interminable
Suena jazz en la boca de gargantas arenosas
Bolas negras y blancas que peinan los billares.

A mi bar preferido no llegan las princesas
A buscar a ese hombre que sueñan sus almohadas
Hay pantallas que escupen discursos para sordos
Hay graffitis obscenos que hielan la esperanza.

Ahí me dejo el trasero guardando el taburete
Mientras la tragaperras merienda otro salario
Hoy te invito a una copa si quieres tengo tiempo
De contarte la herida que callan los diarios.

En mi bar preferido se orientan las polillas
Las barajas reparan el alma al solitario
Me sonríe el escote de la dulce camarera
Las volutas de humo se olvidan del horario.

En mi bar preferido se cuela la canalla
Mis amigos esbozan programas anarquistas
Piden besos las bocas que nunca se estrenaron
Y es tan tarde que al fin no tengo ya ni prisa.

Ahí me dejo el trasero guardando el taburete
Mientras la tragaperras merienda otro salario
Hoy te invito a una copa si quieres tengo tiempo
De contarte la herida que callan los diarios.

DESNÚDATE EN MIS MANOS

Desnúdate en mis manos
Como si fuera cierto
Que no hay mejor milagro
Que el hambre de dos cuerpos
Prendamos esa hoguera
Que haga inolvidable
La noche que comienza
A oscurecer las calles.

Desnúdate en mis manos
Sin prisa que te empuje
Vayamos olvidando
La urgencia de otro lunes
Busquemos nuevas rutas
Por tu vientre y mi pecho
A salvo de las dudas
Que nos traiga el invierno.

Y deja que en mis palmas
Te encuentre la mañana
Igual que un mar en calma
Después de marejada
Y deja que mis dedos
Te acerquen otro cielo
Mientras el sol comienza
A derramar su fuego.

Desnúdate en mis manos
Igual que el primer día
Olvídate que al cabo
Te esperará la prisa
Pidiendo que regreses
De nuevo a las aceras
Al frío de un diciembre
Al mundo que te espera.

Desnúdate en mis manos
Y bébete los besos
Que quedan en mis labios
Después de tantos miedos
Recorre las fronteras
Que sueñe tu deseo
Igual que eres mi fruta
Seré yo tu alimento.

Y deja que en mis palmas
Te encuentre la mañana
Igual que un mar en calma
Después de marejada
Y deja que mis dedos
Te acerquen otro cielo
Mientras el sol comienza
A derramar su fuego.

EN SU NUBE

Baila en su nube la muchacha
De apenas diecisiete primaveras
Virgen tatuada en la hornacina
Voluptuosa venus de piel negra.

Las olas le abrazan la cintura
Las ráfagas de luz se precipitan
Se nubla la mirada de los hombres
Se corta la llamada del suicida.

Las pupilas deseosas de beberte
Naufragan en el fondo de los vasos
Experta bailarina de los viernes
Gogó que hace más dulces los fracasos.

Baila en su nube la muchacha
Que exhibe su ombligo adolescente
Los piersing caprichosos la taladran
El sueño lubricado de serpiente.

El bronce bien tallado de sus piernas
Olvida el suspenso más reciente
En su lengua su pastilla favorita
Autista mariposa entre la gente.

Las pupilas deseosas de beberte
Naufragan en el fondo de los vasos
Experta bailarina de los viernes
Gogó que hace más dulces los fracasos.

TE OFREZCO

Te ofrezco la certeza de mis dudas
Los sueños más recientes de mi almohada
El credo que sigo rezando a oscuras
Recuerdos retocados con ventaja.

Te ofrezco un amor sin hipotecas
El escudo de ironía que me salva
Abrazos que no entienden de reserva
Las cuerdas de esta torpe y fiel guitarra.

Lo sé no es mucha cosa lo que ofrezco
Un tipo que te ama sin reproches
La sombra que a la sombra de tu cuerpo
Quisiera adormecerse cada noche.

Te ofrezco una nube de esperanza
Las llaves para que entres bien adentro
Los posos de ternura y de nostalgia
Que fueron conquistando mis silencios.

Te ofrezco alguna ilusión perdida
Medallas oxidadas en mi pecho
Secretos que he guardado media vida
Regueros de alegría y desconcierto.

Lo sé no es mucha cosa lo que ofrezco
Un tipo que te ama sin reproches
La sombra que a la sombra de tu cuerpo
Quisiera adormecerse cada noche.

MALETAS PERDIDAS

Nos fuimos soñando las horas intensas de noches de fiebre
Que alumbran dos cuerpos recién estrenados
                    [con hambre atrasada
Nos fuimos quemando largas autopistas bajo un sol radiante
Riendo de todo, midiendo la costa, sin pensar en nada.

Venimos nombrando la vaga tristeza de hoteles desiertos
Todos los castillos que se desmoronan sin más en la orilla
Miradas tan mudas sobre duros bancos de algún aeropuerto
Palabras gastadas y un móvil sin saldo pidiendo noticias.

Maletas perdidas
En ninguna parte
La llama prendida
Que ya no nos arde
Maletas perdidas
Con nuestros deseos
Que llega la vida
Matando otro sueño.

Nos fuimos mordiendo todas las manzanas
                    [del árbol prohibido
Sacando la lengua tras la ventanilla de algún tren sin frenos
Nos fuimos creyendo todas las leyendas de los fugitivos
Gastando los besos sabiendo que el cielo
                    [sigue siendo eterno.

Venimos pidiendo amparo a esta lluvia que cala los huesos
Con el maquillaje que tizna la cara de túneles negros
Venimos cargados de torpes reproches y el dulce veneno
De ir comprendiendo que todo ha acabado
                    [y ya no hay remedio.

Maletas perdidas
En ninguna parte
La llama prendida
Que ya no nos arde
Maletas perdidas
Con nuestros deseos
Que llega la vida
Matando otro sueño.

Con música de Carlos Choin se incluyó en el álbum "Mañana" de Láridi.

ELLA DUERME

Ella duerme mientras yo la miro desnuda
Me tomo tiempo para estudiarla con demora
El sol comienza a buscarnos a oscuras
Para ir matando fantasmas y sombras.

Ella duerme y yo tampoco tengo mucha prisa
Por irme incorporando al tráfico diario
Por sus caderas van resbalando mis pupilas
Como tantas veces lo hicieron ya mis manos.

Y los espejos se aburren sin sus ojos
La porcelana pregunta por sus labios
En su cintura se posa la mañana
En los relojes se rinden los horarios.

Ella duerme yo desconecto las alarmas
Por ver si el sueño se hace interminable
Su pelo negro se enreda en la almohada
El mundo se despereza tras los cristales.

Ella duerme y mientras ella duerme
Yo me acomodo a sus lentos latidos
Está conmigo, nadie fuera la retiene
Estoy con ella, no me siento tan perdido.

Y los espejos se aburren sin sus ojos
La porcelana pregunta por sus labios
En su cintura se posa la mañana
En los relojes se rinden los horarios.

Con música de Miguel Orrasco se incluyó en el álbum "Historias fuera del tiesto" de Jaci Martín.

QUEDAN TROZOS DE TI

Quedan trozos de ti en esta casa
Derramados sin más por los rincones
Sueños que no cumplí en nuestra almohada
Algún rayo de sol entre las flores.

Quedan trozos de ti por los pasillos
Las palabras de amor que se gastaron
Gestos que no olvidé entre mis libros
Tus caricias de ayer en los armarios.

Y no sé deshacerme de estas cosas
Que dejaste en mis manos al marcharte
Y sigo aquí muriendo entre las sombras
Con todo el desamor que me sembraste.

Quedan trozos de ti en este invierno
Del que intento escapar cada mañana
Tu manera de hablar con los espejos
El sabor de tu piel de madrugada.

Quedan trozos de ti en mis espacios
Intentando ignorar que aún te quiero
Tu forma de reír, los calendarios
El eco de tu voz y algún secreto.

Y no sé deshacerme de estas cosas
Que dejaste en mis manos al marcharte
Y sigo aquí muriendo entre las sombras
Con todo el desamor que me sembraste.

VUELVE A LLAMARME

Anda entre las cosas que he perdido
Como un aroma incierto de la infancia
Baila sin querer en mi recuerdo
Trato de abrazarla y se hace agua.

Ella que es de nadie y es de todos
Que ríe y amanece más temprano
Que es loca como niña pero cuerda
Que es lluvia que de pronto fue calando.

Vuelve a llamarme
Cuando ya no la espero
Después de dejarme
Colgado de su recuerdo
Y empiezo a enredarme
De nuevo en su pelo
Sabiendo que es aire
Que escapa entre los dedos.

Canta haciendo muecas al espejo
Mientras el mundo fuera se derrumba
Huele a la cuarta hoja de trébol
Sangra como todas o ninguna.

Ella que es un sol en la ventana
Y nube que de pronto se evapora
Seduce con su vuelo de pestañas
Envenena con la savia de su boca.

Vuelve a llamarme
Cuando ya no la espero
Después de dejarme
Colgado de su recuerdo
Y empiezo a enredarme
De nuevo en su pelo
Sabiendo que es aire
Que escapa entre los dedos.

HAY QUE ENAMORARSE INMEDIATAMENTE

Hay que enamorarse inmediatamente
Para que los días sean menos grises
Para que las pieles sepan que se siente
Para que los sueños digan que es posible.

Hay que enamorarse inmediatamente
Para que las nubes vayan emigrando
Para que los dioses crean en la gente
Para que no asusten todos los diarios.

Inmediatamente y con todo el alma
Entregar la vida entera por una mirada
Inmediatamente sin que pase un día
Hay que enamorarse esa es la consigna.

Hay que enamorarse inmediatamente
Para que los labios cobren su sentido
Para que los credos sean convincentes
Para que se curen todos los heridas.

Hay que enamorarse inmediatamente
Para que regresen todos los soldados
Para que los niños jueguen con la nieve
Para que el lo siento quede perdonado.

Inmediatamente y con todo el alma
Entregar la vida entera por una mirada
Inmediatamente sin que pase un día
Hay que enamorarse esa es la consigna.

UNA MUJER CAMINA POR LA ACERA

Una mujer camina por la acera
Y las baldosas lamen sus tacones
Si las farolas se inclinan para verla
Se crecen las pupilas de los hombres.

Una mujer camina por la acera
Los tristes subalternos se distraen
Si se la comen las lunas de las tiendas
Se la beben las bocas de las calles.

Y nadie atiende al fin al guardia urbano
Y los balcones se han vuelto machistas
Y cantan en su jaula los canarios
Y Dios siente el orgullo del artista.

Una mujer camina por la acera
La ha visto el ciego que vende cupones
Los barrenderos miden sus caderas
Y los taxistas silencian sus motores.

Una mujer camina por la acera
Y la ciudad entera se detiene
La sangre de las estatuas se altera
El chorro de las fuentes se retiene.

Y nadie atiende al fin al guardia urbano
Y los balcones se han vuelto machistas
Y cantan en su jaula los canarios
Y Dios siente el orgullo del artista.

*Con música e interpretación de Paco Ortega sería la sintonía de
la serie de televisión emitida por Antena 3, "700 Euros".*

LA CASA SIN TI

La casa sin ti es un desierto
El árbol que deshojara el otoño
Un barco que no ha regresado a puerto
La nube de nostalgia en mis ojos.

La casa sin ti es un laberinto
Un cielo anunciando la tormenta
El tiempo de los juegos detenido
Espejos cubiertos de tristeza.

No es mi casa la que fue nuestra casa
Este techo que se me viene encima
Paredes cubiertas de escarcha
Extrañas ventanas enemigas.

La casa sin ti es una amenaza
Un diario con mil lágrimas vertidas
La novia bajo la lluvia plantada
Los labios que no curarán la herida.

La casa sin ti es un hondo abismo
Los trenes que hemos ido al fin perdiendo
El sombrero sin monedas del mendigo
La ruta equivocada de mis sueños.

No es mi casa la que fue nuestra casa
Este techo que se me viene encima
Paredes cubiertas de escarcha
Extrañas ventanas enemigas.

LA REINA DE LOS CHICOS MALOS

Oscura capucha, mirada huidiza
Bajo el flequillo que esconde sus ojos
Ahí viene esa nube doblando la esquina
Surfista en la acera de mares remotos.

Tan sola en su jaula al fondo del patio
Quemando en su palma la nierba prohibida
Pintados de negro las uñas, los labios
Los sueños siniestros de niña perdida.

Ella es la reina de los chicos malos
La rosa vetada cubierta de espinas
El caso perdido del dócil rebaño
La lengua con piersing que no guarda fila
Ella es la reina de los chicos malos
El beso más caro de toda la clase
La bella marciana que nadie ha domado
La piel tatuada que vive en el margen.

Se lo dimos todo explica su padre
Que nunca ha tenido tiempo para ella
Es buena muchacha repite su madre
El resto tan sólo menea la cabeza.

Se olvida a su lado un gato sin nombre
Leyendo a poetas franceses malditos
La luna la observa y luego se esconde
Sintiendo que espía secretos delirios.

Ella es la reina de los chicos malos
La rosa vetada cubierta de espinas
El caso perdido del dócil rebaño
La lengua con piersing que no guarda fila
Ella es la reina de los chicos malos
El beso más caro de toda la clase
La bella marciana que nadie ha domado
La piel tatuada que vive en el margen.

PREGUNTAN POR TI

Las tazas manchadas de café y nicotina
Tu ausencia colgada de todos los armarios
Los espejos cubiertos de sombras enemigas
Los naipes jugando de nuevo un solitario.

Los cuadros manchados de paisajes muertos
Las flores condenadas a toda la desidia
El teléfono mudo mendigando tus besos
Los buzones desiertos esperando noticias.

Preguntan por ti
Y sólo se responder
Que nunca aprendí
A saberlo entender
No te hice feliz
No me hiciste saber
Que se acercaba el fin
Que te marchabas mujer.

Los columpios sin nadie esperando el otoño
Los cristales cubiertos de húmeda tristeza
La pantalla escupiendo mil debates bobos
Los libros cerrados encima de la mesa.

Mis sueños el polvo de todos los ceniceros
La noche abriendo de nuevo las heridas
La radio llenando la casa de recuerdos
Y la luna obscena riendo la ironía.

Preguntan por ti
Y sólo se responder
Que nunca aprendí
A saberlo entender
No te hice feliz
No me hiciste saber
Que se acercaba el fin
Que te marchabas mujer.

Con música de Juan Domingo Gil se incluyó en el álbum
"Historias fuera del tiesto" de Jaci Martín.

MIS ZAPATOS VACÍOS

Mis zapatos vacíos sólo sueñan contigo
Al borde de esta cama que no ocupas
Las suelas gastadas manchadas de barro
En el alma transparente de la lluvia.

Mis zapatos vacíos conocen bien estas calles
Por las que tu perfume dejó huellas
A veces los calzo, a veces me pierden
Por el negro betún de tu ausencia.

Sueñan mis zapatos vacíos
Con el eco fugaz de tus tacones
Me piden que tropiece contigo
Por las largas avenidas de la noche.

Mis zapatos vacíos sólo sueñan contigo
Tal vez no les he enseñado otros senderos
Cordones de luto dispuestos a ahogarme
Si no los llevo de nuevo a tu encuentro.

Mis zapatos vacíos son esas dos preguntas
Que me hago cada vez que tú te marchas
Dos perros en celo ladrando a la luna
Dos faros buscando luz en tu mirada.

Sueñan mis zapatos vacíos
Con el eco fugaz de tus tacones
Me piden que tropiece contigo
Por las largas avenidas de la noche.

Con música de Juan Mari Montes se incluyó en el álbum "La mirada del ángel" de Juan Mari Montes.

LA VERDAD DE LOS ESPEJOS

Los espejos se entretienen en mirarme
Señalando mis defectos más absurdos
Cuando paso distraído por delante
Cuando marcho decidido a mis asuntos.

Los espejos se entretienen en mostrarme
Cicatrices olvidadas hace tiempo
Mis arrugas más recientes con detalle
Las entradas que me van tomando el pelo.

Y no acabo de entender yo a los espejos
El secreto razonable de su acoso
Esa forma de ensañarse con mi cuerpo
Ese modo de observarme con mal ojo.

Los espejos se entretienen reflejando
Que he perdido la sonrisa de los labios
Que la vida tal vez vino derrotando
Aquel joven de rebeldes idearios.

Los espejos se entretienen acusando
Que han crecido poco a poco mis ojeras
Y aunque intento con sigilo evitarlos
Me persiguen con persistencia grosera.

Y no acabo de entender yo a los espejos
El secreto razonable de su acoso
Esa forma de ensañarse con mi cuerpo
Ese modo de observarme con mal ojo.

*Con música de David Padrón se incluyó en el álbum "Espresso,
no compresso" de Los Espejos.*

SUEÑOS QUE SE ALEJAN COMO TRENES

Los sueños que se alejan como trenes
Van silbando tatuados con tu nombre
El graffiti que he pintado tantas veces
Hoy se oxida bajo lluvia en los vagones.

Los sueños que se alejan como trenes
Van mostrando sus amargas cicatrices
Un dibujo de impotencia en las paredes
El recuerdo de otras tardes más felices.

Y los busco cada noche por mi almohada
Y no encuentro quien me ofrezca alguna pista
Sólo el eco de un reloj de madrugada
Repitiendo que te fuiste de mi vida.

Los sueños que se alejan como trenes
Van sembrando de tristeza los andenes
Yo resbalo por su otoño con la fiebre
Del que tuvo la esperanza que no tiene.

Los sueños que se alejan como trenes
Van buscando las ciudades que no vimos
Paraísos sobre sábanas de hoteles
Que se quedan para siempre ya perdidos.

Y los busco cada noche por mi almohada
Y no encuentro quien me ofrezca alguna pista
Sólo el eco de un reloj de madrugada
Repitiendo que te fuiste de mi vida.

*Con música de Marcelo Champanier se incluyó en el álbum
"Tiempo y distancia" de Champanier.*

ÁNGEL CAÍDO

Asómate a los ojos de algún ángel caído
Sus pupilas son frías como iris de muñeco
Su destino es la tristeza que esconden los dioses
Que se creyeron infalibles y pagan sus defectos.

Asómate al recuerdo de algún ángel caído
Y enumera sus complejos con dedo indiferente
Aún sangran sus heridas y pueden alcanzarte
Hay dolores que marcan y manchan para siempre.

Niños sin luna, sin zapatos, sin escuela
Niños de asfalto, de suburbio, de castigo
Niños con hambre, con legañas
Con la rabia de saberse fuera del paraíso.

Asómate al recreo de algún ángel caído
Sus juguetes disparan como hojas de navaja
Sus palabras amenazan adultas advertencias
Su porvenir dibuja dudas en la pizarra.

Niños sin luna, sin zapatos, sin escuela
Niños de asfalto, de suburbio, de castigo
Niños con hambre, con legañas
Con la rabia de saberse fuera del paraíso.

Con música de Teo Cardalda e interpretada por Cómplices, se incluyó en el álbum benéfico "Amnistía internacional".

ÍNDICE